WIE KINDER BESSER
SPRECHEN LERNEN

DR. PÄD. CORNELIA TIGGES-ZUZOK

WIE KINDER BESSER SPRECHEN LERNEN

SO FÖRDERN SIE DIE SPRACHENTWICKLUNG IHRES KINDES

OBERSTEBRINK
ELTERN-BIBLIOTHEK

1. Auflage, 2008
© by Oberstebrink Verlag GmbH
Alle Rechte liegen beim Verlag

Fotos: gettyimages
Gestaltung: magellan, düsseldorf
Satz und Herstellung: Aalexx Druck GmbH
printed in Germany 2008
Verlag: Oberstebrink Verlag GmbH
Kalkumer Schloßallee 35 · 40489 Düsseldorf
Tel.: 0211 / 51 36 56-0 · Fax: 0211 / 51 36 56-12
e-mail: verlag@oberstebrink.de
www.oberstebrink.de
Vertrieb: Cecilie Dressler-Verlag GmbH & Co. KG
Poppenbütteler Chaussee 53 · 22397 Hamburg
ISBN: 978-3-934333-37-6

DIE OBERSTEBRINK
ELTERN-BIBLIOTHEK

Die Oberstebrink Eltern-Bibliothek bietet Lösungen für die wichtigsten Eltern-Probleme und gibt Antworten auf die häufigsten Eltern-Fragen. Von Experten, die in ihrem Fachgebiet auf dem neuesten Wissensstand sind und in ihrer Praxis täglich Eltern beraten und Kinder behandeln. Die Bücher der Oberstebrink Eltern-Bibliothek werden von Kinder- und Jugendärzten, Hebammen, ErzieherInnen, LehrerInnen und Familien-TherapeutInnen laufend eingesetzt und empfohlen. Eltern schätzen diese Ratgeber besonders, weil sie leicht verständlich sind und sich alle Ratschläge einfach und erfolgreich in die Tat umsetzen lassen. Eine Übersicht über alle Titel finden Sie auf den letzten Seiten dieses Buches.

LIEBE ELTERN

Kinder machen Freude – keine Frage. Vor allem dann, wenn sie sich so entwickeln, wie wir uns das vorstellen. Einerseits wollen wir sie ja unbekümmert – entsprechend unserem eigenen Kindertraum – groß werden lassen. Andererseits werden uns, ohne dass wir es wollen, gesellschaftliche Normen vorgegeben. Und zur Sicherheit folgen wir denen in der Regel ja. Ist das eigentlich immer richtig? Und gilt das sogar für die Kindersprache? *„Was muss mein Kind wann können?"* fragen Sie sich als neugierige Eltern. Ihr natürlicher Wunsch: Der „Schatz" soll dem späteren Leistungsdruck in der Schule gewachsen sein und möglichst auf das Gymnasium gehen. Ein früher Sprechbeginn um das erste Lebensjahr herum wird landläufig als Zeichen hoher Intelligenz angesehen. Sprechen und Denken sind doch bekanntlich eng miteinander verbunden. Eine differenzierte Ausdrucksweise von Gedanken, Wünschen und Gefühlen trainiert auch schon bei Kindern geistige Fähigkeiten und baut so ihre sozialen Beziehungen und den Sozialstatus auf. Sie als Eltern wünschen also nur das Beste für Ihr Kind – oder zumindest eine normale Entwicklung seines Sprachverständnisses und seiner aktiven Sprache.

Normal? – Normale Sprachentwicklung beim Kind? – Ich werde Ihnen in diesem Ratgeber aufzeigen, was wir darüber heute wissen. Dabei werden Sie an allen gesammelten Erfahrungen aus meiner mehr als 30-jährigen Praxis in der Sprachtherapie teilhaben. Das sind nachdenkliche, lustige, traurige (eher wenig) und auch unterhaltsame Mosaiksteinchen, die mir etwa zehntausend Kinder in weit mehr als 70.000 Beratungen, Diagnostik- und Therapiesitzungen geschenkt haben. Jedes von ihnen ein kleines Individuum, das oft ängstlich, aber immer wissbegierig und nach Erfolgen suchend zu mir „zum Spielen" kommt. Und in der Regel glücklich bestätigt – *„Ich kann schon was!!!"* – mit Mama, Papa und oft sogar der ganzen Familie wieder die Praxis verlässt.

Mein Ziel ist es, auch Sie von einigen unbegründeten Sorgen zur Sprachentwicklung Ihres Kindes zu entlasten. Dann hat sich Ihre und auch meine Investition schon gelohnt. Ich wünsche Ihnen viel Erfolg bei dieser schönen und interessanten Aufgabe. Ihre

INHALT

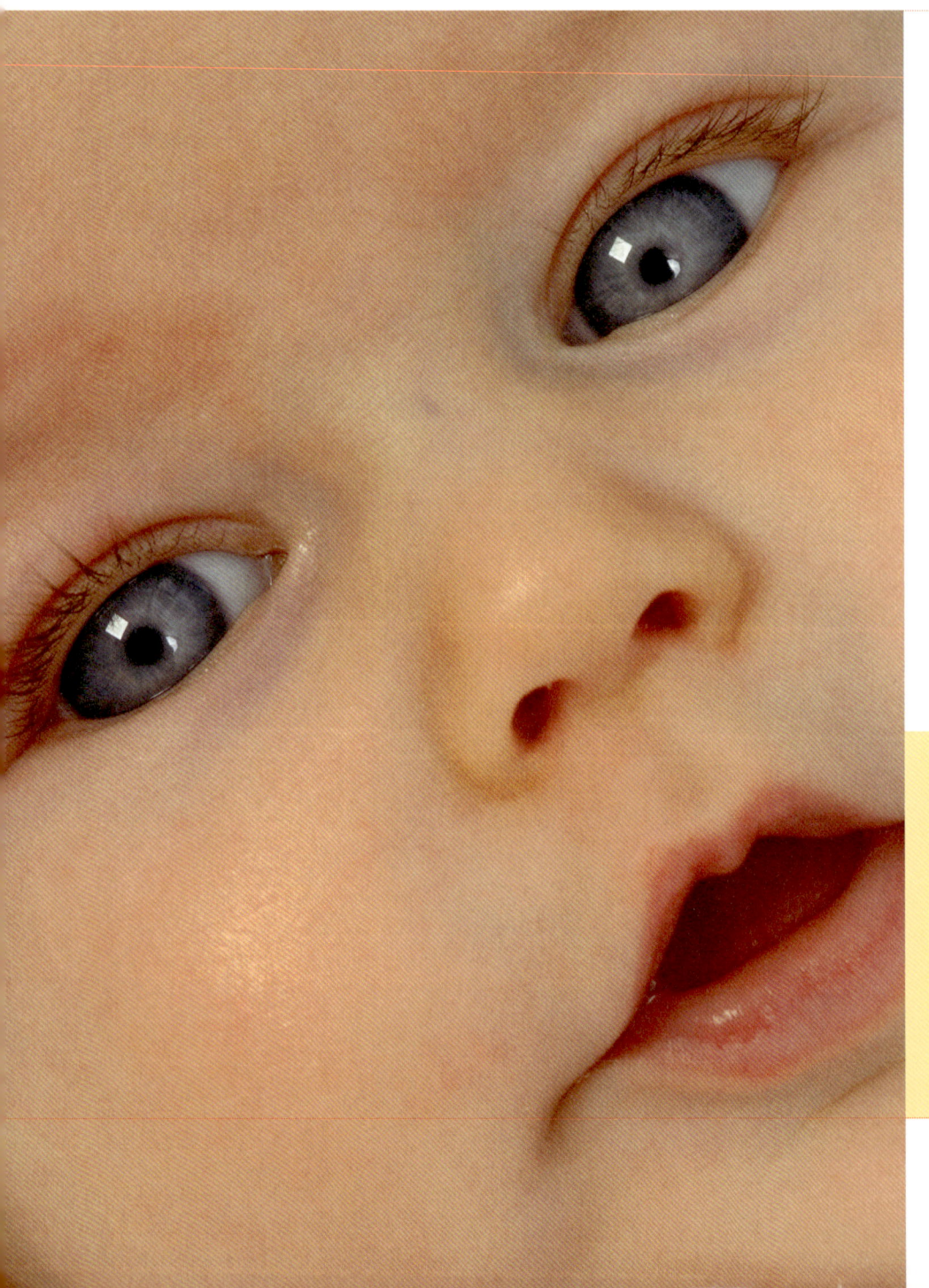

IMMER FRÜHER, IMMER SCHNELLER? SPRECHEN LERNEN IN DER LEISTUNGSGESELLSCHAFT

In diesem Kapitel erfahren Sie, ...

▶ wie sich zu frühes Leistungsdenken negativ auswirken kann

▶ welcher Druck schon früh durch Sprachtests entstehen kann

▶ mit welcher Grundeinstellung Sie Ihr Kind
  beim Spracherwerb optimal unterstützen

▶ wie vielfältig eine normale Sprachentwicklung verlaufen kann

▶ wie Sprache und Allgemeinentwicklung Ihres Kindes im ersten Jahr parallel laufen

DIE SAAT DER VERUNSICHERUNG

Sie kommen als Eltern immer wieder in die Versuchung, Fähigkeiten und Fortschritte Ihres Kindes stolz oder manchmal auch sorgenvoll mit denen anderer zu vergleichen: *„Vielleicht ist unser Kind sogar hochbegabt?"* – oder aber: *„Was wird aus unserem Kind, wenn es trotz gutem Gehör mit zwei oder drei Jahren kaum spricht?"*.

Zusätzlicher Druck entsteht durch erste Leistungstests oder Sprachstandstests, die in einigen Bundesländern schon bei Vierjährigen im Kindergarten eingesetzt werden. So prüft z. B. der „Delphin-Test" vor allem das Sprachverständnis bei komplexer werdenden Sätzen und Nachsprechleistungen mit Hilfe so genannter „Testsprache". Das sind Kunstwörter (oft auch „Quatschwörter" genannt) und Unsinnsätze.

Kritische Kinder, die gern logisch denken und schon die Grammatik in ihren Grundzügen beherrschen, finden diese Testteile nicht unbedingt lustig und zeigen dann eine natürliche Tendenz zur Verweigerung. Klar wird dabei: Es handelt sich hier um inhaltlich eingeschränkte Messungen, deren Ergebnisse wohl für den Schulstart, nicht jedoch für den späteren Lebenserfolg Ihres Kindes aussagekräftig genug sind. Zu der geprüften grammatikalisch und artikulatorisch korrekten Ausdrucksweise müssen noch andere wichtige Kompetenzen hinzukommen, die in jedem Kind in irgendeiner Form angelegt sind und die die Sprachentwicklung zusätzlich vorantreiben.

Daher sollten Sie sich als Eltern auf die Kernfrage konzentrieren: *„Wie kann ich die Sprachentwicklung und die mit ihr untrennbar verbundenen Kompetenzen optimal fördern, ohne mein Kind zu überfordern?"*. Bei aller Inflation von Fördermaßnahmen sollten wir nicht vergessen, dass das Kind mit Spielen und Bewegung Spaß haben und mit einem Höchstmaß an Unbeschwertheit aufwachsen sollte.

Die internationale Wissenschaft kommt nach allen bisherigen Forschungs- und Föransätzen zu dem Resultat, dass die beste Förderung immer noch darin besteht, auf die Interessenlagen des Kindes einzugehen, ihm Denkanstöße zu geben und mit ihm freudig und unbeschwert zu kommunizieren.

Leider wurden speziell in Deutschland aus der Wissenschaft inzwischen überholte Vorstellungen abgeleitet, was ein Kind in einem bestimmten Alter können muss. Die Spracherwerbsforscherin *Gisela Szagun* kritisiert das: *„Das eigentlich Beunruhigende ist, dass Vorstellungen von Normen für den Spracher-*

werb, die gern in manchen Lehrbüchern, Tabellen, in Beratungsstellen und Eltern-
zeitschriften verbreitet werden, auf sandigem - wenn überhaupt auf irgendeinem
- Grund stehen. Es wird ein „Normkind" erfunden, das einen frühen Spracher-
werb durchläuft. Erkennen Sie die Normen in Ihrem Kind nicht und liegt Ihr Kind
gar darunter, dann könnten Sie auf den Gedanken verfallen, Ihr Kind habe einen
sprachlichen Entwicklungsrückstand - was in der Regel falsch ist." Auch hier gilt
die alte pragmatische Volksweisheit: Jedem das Seine – nicht jedem das Gleiche.

Diese Erkenntnis stimmt mit Erfahrungen überein, die ich in meiner mehr als
dreißigjährigen Praxis für Sprachtherapie täglich bestätigt finde: Zeigen die
Vorsorge-Untersuchungen keine gravierenden und bleibenden Defizite (für diese gibt es spezielle Förderschulen), dann haben die Eltern die große Chance,
die angelegten sprachlichen Fähigkeiten ihres Kindes in verschiedenen Ent-
wicklungsphasen und auf verschiedenen Ebenen zu fördern. Richtig informiert
können sie eventuelle Krisenzeiten nicht nur aushalten – sondern erfolgreich
meistern und hinter sich bringen. Wenn Ihr Kind bis zur Schulreife die Sprache
sowieso erwirbt – egal ob das langsam oder schnell passiert – dann spielt das
Tempo doch eigentlich keine Rolle.

NORMALE SPRACHENTWICKLUNG: SEHR INDIVIDUELL MIT LOSEN REGELN

Es liegt in der Natur jedes Menschen, die Muttersprache zu erwerben. Aber die
Natur hat Ihrem Säugling nicht nur die Begabung zum Sprechenlernen in die
Wiege gelegt, sondern sie hat Sie als Eltern auch mit der Fähigkeit ausgestat-
tet, Ihr Baby instinktiv dabei zu unterstützen. Erinnern Sie sich? Bei der ersten
Lautäußerung, beim Reflexschrei des Neugeborenen, reagierten Sie spontan
freudig, beruhigend – und schon begann die lebenslange Kommunikation mit
Ihrem Kind.
Schon wenn der Säugling drei oder vier Wochen alt wird, können wir Erwach-
sene intuitiv seine Lust- von Unlustschreien unterscheiden und merken dabei
genau, ob das Kind sich wohl fühlt oder nicht.
Die Sprachentwicklung Ihres Kindes ist eingebunden in die Ausreifung seiner
Hirnfunktionen, Wahrnehmungsleistung und seiner gesamten Bewegungsfä-

higkeit (Motorik). Jedes Kind macht dabei eine ganz individuelle Entwicklung durch, die schneller als der Durchschnitt oder auch langsamer verlaufen kann. Daraus dürfen wir nicht die Schlussfolgerung ziehen, dass *langsam* gleich *gestört* ist. Vielmehr zeigen viele gesunde Kinder, die sich später prächtig entwickeln, ihre sprachlichen Fähigkeiten erst jenseits des fünften Geburtstages.

Daher sollten Sie sich an dem gezeigten Ablauf der Sprachentwicklung nur allgemein orientieren. Die normale Streubreite ist so groß, dass Abweichungen von diesen Durchschnittsangaben auch dann noch im normalen Bereich liegen können, wenn Ihr Kind statt vier auch sechs Jahre lang für den kompletten Spracherwerb brauchen sollte.

---

*Der blonde **Fabian** ist drei Jahre alt, ein aufgewecktes Kerlchen, aber fängt erst jetzt an zu sprechen. Wie es heute oft ist, erfolgte nach seinem zweiten Geburtstag eine Beratung der Eltern. Ziel war es, das Sprachverständnis und den Wortschatz zu fördern. Obwohl Fabian in der Zeit danach schön mitmacht und sein Gehör intakt ist, beschränkt er sich in seinen Äußerungen auf Mimik und Gestik.*

Weil er auch weiterhin immer noch spärlich artikuliert, beginne ich nach dem dritten Geburtstag mit dem Wort- und Silbenaufbau und kleinen Rollenspielen am Kaufladen. So kommt Fabian relativ schnell in die Satzbildung hinein. Er spricht mit vier Jahren einfache Aussagesätze, mit fünf Jahren Haupt- und Nebensätze – und dann plötzlich fängt er an zu stottern. Beim Nachsprechen von Sätzen stottert er allerdings nicht und so kommt er problemlos durch die Schulreifeuntersuchung. Wider Erwarten der Lehrerin bereitet ihm das Lesen und Schreiben große Freude, so dass er nach dem ersten Schuljahr schon für ihn neue, fremde Texte lesen kann. Beim Vorlesen stottert er nicht.

Und dann der Befreiungsschlag: Nach Abschluss der 2. Schulklasse nimmt er an einem Lesewettbewerb teil und gewinnt den 3. Preis. Es ist der Start für eine reibungslose Schulzeit, in der er meine Hilfe nicht mehr brauchen wird.

Die neue internationale Spracherwerbsforschung sagt uns, dass das Gehirn von Kindern bis zur mittleren Kindheit (um den siebten Geburtstag) eine besondere Aufnahmefähigkeit für sprachliches Lernen besitzt. Diese doch relativ lange Phase nimmt danach bis zum Jugendalter allmählich ab. Zuwendung, Ermunterungen, Geduld und sensible sprachliche Unterstützung der Interessen Ihres Kindes sind auf dem langen Weg des Spracherwerbs notwendig.

SO VARIABEL IST DIE SPRACHENTWICKLUNG

Monat

Monat		
1	Schreiperiode	
2	bis ca. 7. Woche	ab ca. 6. Woche
3	1. Lallperiode	
4		
5		
6	2. Lallperiode	
7	Nachahmung und erstes Sprachverständnis	
8		
9		
10	Zuordnung von lautlicher Äußerung, Geste und Situation	
11	Beginn intentionaler Sprachäußerungen	
12		

1. Lebensjahr

Monat

Monat		
13	Enstehung präzisierter Wortbedeutungen (Symbolfunktion der Sprache)	
14		
15		
16	Einwortsätze	
17		
18		
19	1. Fragealter mit Zweiwortsätzen und ungeformten Mehrwortsätzen	
20		
21		
22	Agrammatische Aussagesätze	
23		
24		

2. Lebensjahr

Geformte Mehrwortsätze (Übernahme erster grammatikalischer Beziehungsmittel)

3. Lebensjahr

2. Fragealter mit der Fortsetzung des Erwerbs des Wortschatzes und der grammatikalischen Formen

4. Lebensjahr

SPRACHE UND ALLGEMEINENTWICKLUNG GEHEN IM ERSTEN LEBENSJAHR PARALLEL

In der nachfolgenden Tabelle sehen Sie zusammengefasst, wie sich das Verhalten und die körperlichen Fähigkeiten Ihres Kindes voraussichtlich in seinem ersten Lebensjahr parallel zu seinen Lautäußerungen und ersten sprachlichen Kommunikationsversuchen entwickeln werden.

Die Übersicht soll Ihnen nur zur Orientierung dienen und keinesfalls zu einer Leistungsüberprüfung schon in den ersten 12 Lebensmonaten. Sie werden sehen: Mit Kontrollen, Screenings, Tests und Prüfungen bekommt Ihr Kind in einigen Jahren noch genug zu tun. Jetzt ist es noch absolut zu früh dafür.

SPRACHE UND ALLGEMEINENTWICKLUNG IM I. LEBENSJAHR

Alter in Monaten	0 – 1,5	2	3	5 – 6	7	9	10 – 12
Phasen der Sprachentwicklung	Schreiphase	1. Lallperiode			2. Lallperiode		Erste intentionale Äußerungen
Entwicklungsschritte (typische Details)	Blickkontakt nach Ansprache.	Richtungshören. Differenzierung einfacher Melodien.	Orales Erkunden. Erstes Lächeln. Sprachliche Eigenproduktion.	Wahrnehmung melodisch-rhythmischer Strukturen. Rhythmisches Strampeln.	Silbenketten und Silbenverdopplung. Entwicklung des Sprachverständnisses. Differenzierte Sprachmelodie und Schlüsselwörter.	Aufrechtes Sitzen. Pinzettengriff. Gezieltes Ergreifen und Erkunden. Erkundungsdrang und Nachahmungstrieb.	Interesse für Hohlräume. Entwicklung der Eigenschaftsbegriffe (rund/eckig, rau/glatt).

Kapitel 1: Das Wichtigste in Kürze

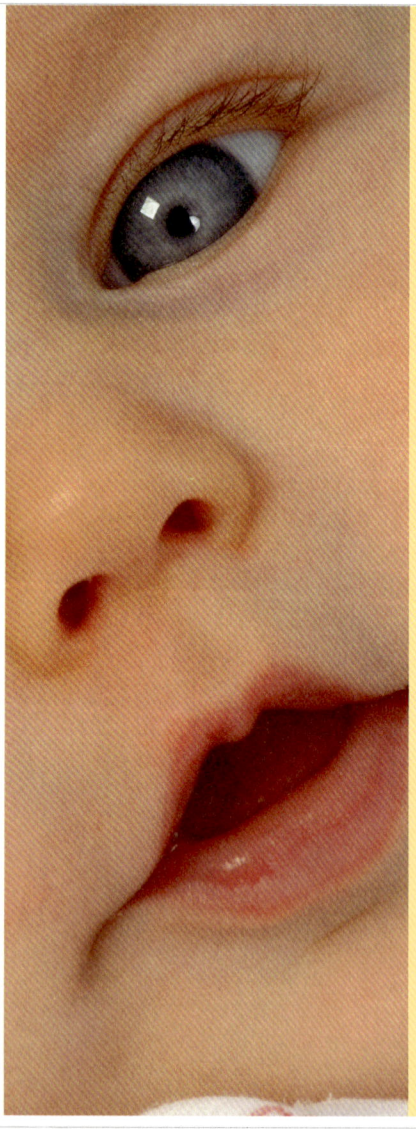

- ▶ Sie bekommen heutzutage ein überschießendes Medienangebot zur kindlichen Sprachentwicklung angeboten, das Sie in seiner Widersprüchlichkeit schnell verunsichern kann.

- ▶ Bereits im ersten Lebensjahr werden unbewusst Leistungsvergleiche zwischen Kindern angestellt, die ohne genaue Kenntnis der normalen Entwicklung leicht zu Fehlschlüssen führen können.

- ▶ Kaum ein Teil der kindlichen Entwicklung verläuft derart vielfältig wie die der Sprache.

- ▶ Eine Besonderheit im ersten Lebensjahr ist, dass bestimmte Vorläuferphasen der Sprache weitgehend parallel zu Schritten der Allgemeinentwicklung Ihres Kindes erfolgen.

- ▶ Am besten können Sie Ihrem Kind in die Sprache hinein helfen, wenn Sie gut informiert Ihrer Intuition folgen und Ihrem Kind dabei ausreichend Zeit widmen.

So fördern Sie
die Sprache Ihres Kindes
bis zum
ersten Geburtstag

In diesem Kapitel erfahren Sie

▶ wie Sie die erste Kontaktaufnahme mit Ihrem Baby zum Erfolg werden lassen

▶ wie Sie auf die Bedürfnisse Ihres Kindes eingehen und seine Reaktionen richtig deuten

▶ woran Sie merken, dass die Sprache allmählich in Gang kommt, und wie Sie das unterstützen

▶ welche Entwicklungsschritte Ihr Kind gerade durchmacht und woran Sie diese erkennen

▶ welche Probleme und Stolpersteine dabei auftauchen können und wie Sie die umschiffen

▶ wie Sie die kinderärztlichen Vorsorge-Untersuchungen zu Ihrer Absicherung nutzen können

KONTAKTAUFNAHME, ENGE BINDUNG, BEDÜRFNIS-REGELUNG

KONTAKTAUFNAHME

Die Kommunikation mit Ihrem Neugeborenen beginnt mit der Geburt. Denn die Natur hat uns allen nicht nur die Veranlagung zum Sprechenlernen in die Wiege gelegt, sondern auch die Fähigkeit, unsere Kinder mit einem angeborenen Spürsinn dabei zu unterstützen.

Die erste Lautäußerung des Neugeborenen ist ein Reflexschrei, der Reaktionen der Umgebung auslöst und so den Beginn der Kommunikation darstellt. Zunächst ist das Schreien noch ungerichtet und ähnelt einem „Aaa...". Aber nach drei bis vier Wochen können Eltern schon Lust- und Unlustschreie ihres Säuglings unterscheiden. Bei Hunger und Missempfinden schreit er sehr laut und heftig, bei Schmerz jämmerlich, bei Müdigkeit eher leise.

Als frischgebackene Eltern lassen Sie sich instinktiv von den kindlichen Signalen leiten und beantworten diese prompt mit Streicheln der ausgestreckten Fingerchen. Sie erhöhen unbewusst Ihre Sprechstimmlage, verlangsamen, vereinfachen und verdeutlichen Ihre Sprechweise und unterstreichen das mit mimischem Ausdrucksverhalten.

Das Neugeborene zeigt eine angeborene Vorliebe für das Gesicht und die Stimme seiner Mutter. Es sucht und entdeckt Reaktionen von Mutter und Vater auf sein Schreien. Das Kind kann auch die Stimme des Vaters sehr früh von der mütterlichen unterscheiden.

Die folgende Entwicklung Ihres Babies besteht zunächst im Aufbau von Kontakten. Zu Beginn beschränkt sie sich auf die Wahrnehmung. Ihr Kind kann anfangs nur dunkel und hell unterscheiden, Umrisse und Farbunterschiede differenzieren und melodische Geräusche – wie die Spieluhr oder Lieder – erkennen. Mit seinem Augenkontakt fasziniert das Neugeborene Mutter und Vater und lässt sich durch Ihren Zuspruch, durch Wiegen, Schaukeln und Streicheln im optimalen Fall allmählich beruhigen, wenn es aufgeregt ist.

Wenn Ihr Kind außerhalb der Essenszeiten schreit oder unruhig ist, sollten Sie zunächst versuchen, mit ihm zu spielen und es anzusprechen. Necken oder kitzeln Sie es. Alles Wohltuende ist erlaubt, bevor die nächste Mahlzeit ansteht. Nicht nur „schwierige" Kinder, sondern auch deren Eltern sind ja enorm lernfähig und erfindungsreich. Je mehr positive Sinneseindrücke Sie Ihrem Säugling bieten, umso mehr werden seine Neugierde und wenige Monate später auch sein Nachahmungs- und Erkundungstrieb gefördert – als Grundlagen für seine weitere geistig-sprachliche Entwicklung.

ENGE BINDUNG:
GEBORGENHEIT, SICHERHEIT UND ZUWENDUNG

Wenn Ihr Säugling schreit, sucht er Ihre Nähe, die Nähe seiner Eltern. Sie geben ihm Nähe, Schutz und Geborgenheit. Durch leises Trösten, Streicheln, Wiegen, Schaukeln und Singen beantworten Sie die kindlichen Signale und beruhigen so Ihr Kind. Ohne Stress und Angst reift es Tag für Tag fast unmerklich heran und wird damit erst aufnahmefähig für Musik, Rhythmus und Sprachmelodie.

Sie sollten sich als Eltern die Zeit nehmen, die kindlichen Signale wie heftiges Strampeln aus Freude oder Protest und stimmliche Äußerungen bewusst wahrzunehmen, zu deuten und zu erwidern. Dadurch, dass Sie sich auf die kindlichen Ausdrucksformen einstellen und die kindlichen Äußerungen beantworten, helfen Sie umgekehrt auch Ihrem Baby, allmählich seine Eltern zu verstehen.

BEDÜRFNISREGELUNG:
HUNGER, SCHMUSEN UND HYGIENE

Intuitiv sich entwickelndes Einfühlungsvermögen der Eltern in die Reaktionen ihres Babys führt allmählich dazu, die Bedürfnisse des Säuglings zu erkennen. Es wird erkannt, ob das Schreien des Babies Hunger, Müdigkeit, Schmerz oder Langeweile bedeutet. Oder ob die Windel voll ist. Die Mutter nimmt ihren Säugling in den Arm, sie nimmt Blickkontakt auf und spricht mit ihm. Körperkontakt, der Geruch der Eltern, Wärme und Küsse entwickeln in ihm und seinen Eltern Gefühle des Wohlbefindens und Glücks.

Wenn Ihr Baby aufmerksam und wach schaut, dann deuten Sie es als Aufforderung, sich mit ihm zu beschäftigen. Wendet es hingegen den Blick ab, oder blickt es „in sich gekehrt", also ins Leere, dann braucht es seine Ruhe. Die simple Grundlage für eine gesunde körperliche, sprachliche, psychische und soziale Entwicklung haben Sie somit geschafft.

NERVEN BEHALTEN: DIE „SCHREIPHASE" IM ERSTEN BIS DRITTEN LEBENSMONAT

Jeder kleine Mensch hat seinen ganz individuellen Entwicklungsplan. Manche Säuglinge schreien nicht nur sechs Wochen, sondern geschlagene sechs Monate lang – und das fast Tag und Nacht. Nur zu den Mahlzeiten beruhigen sie sich und bringen mit ihrem Dauerschreien die Eltern an den Rand der Erschöpfung. So wird natürlich die Kontaktaufnahme erschwert, aber sie wird damit nicht unmöglich. Trinkt das Neugeborene, das sich erst einmal auf die neuen ungewohnten Reize seiner Umgebung einstellen muss, dann können Sie den Blickkontakt aufnehmen, es ansprechen und mit ihm kommunizieren. Ihre Wärme und Akzeptanz, Geduld und Ausdauer sind in diesen Augenblicken noch mehr gefordert als bei „pflegeleichten" Kindern.

„WER BRABBELT DENN DA?" AKTIVE SPRACHE UND HÖRREAKTION

Etwa ab der sechsten Woche bis zum Ende des dritten Lebensmonats produziert Ihr Säugling außer „A" und „Ä" auch Gurrlaute wie „Erre" oder „Gr". Dabei werden Ihnen auch lautlose Zungenbewegungen auffallen. Allgemein wird die erste Lallperiode bis zum siebten Lebensmonat als Phase des Muskeltrainings und der Übung der Beweglichkeit (Motorik) und Geschicklichkeit der Artikulationsorgane (Sprechorgane wie Mund, Zunge, Gaumen) angesehen.

Auch Kinder mit schweren Hörstörungen durchlaufen die erste Lallperiode meist normal. Im Gegensatz zum Schwerhörigen reagiert jedoch ein normal hörendes Kind auf laute Geräusche und zuckt bei plötzlichem Lärm zusammen. Nach dem ersten Lebensmonat beginnt es dann, ruhiger, melodischer – also üblicherweise als angenehm bezeichneter – Musik oder auch Glockentönen („Bim-Bam") zu lauschen. Wenn Sie mögen, versuchen Sie es mal mit „klassischer" Musik und beobachten die Reaktionen und den ersten Musikgeschmack Ihres Kindes. Manchmal dreht es auch jetzt schon den Kopf zur Geräuschquelle hin, was als erster Hinweis auf ein funktionierendes Richtungshören gelten kann.

UNGEBREMSTER DRANG: BEWEGUNG UND WAHRNEHMUNG

Mehr als in jedem anderen Alter ist im ersten Lebensjahr des Kindes sein geistiger und psychischer Fortschritt eng an seine motorische Entwicklung gekoppelt. Die Bewegungen werden zunehmend kontrollierter und feiner ausgeführt. Zunächst sind die Hände noch zu Fäusten geschlossen. Im zweiten Monat hat es die Hände leicht geöffnet und kann einen Gegenstand fest umschließen. Ziehen Sie Ihr Kind an beiden Händen in die sitzende Position, dann kann es den Kopf recht gut halten. Sitzen kann der Säugling jedoch noch nicht. Sie sind doch wohl nicht ungeduldig?

MEINE KLEINE WELT: SEHEN UND FÜHLEN

Gegen Ende des ersten Lebensmonats kann Ihr Baby im Nahbereich, also im Abstand von etwa 30 cm (z. B. beim Stillen in Ihrem Arm), Ihr Gesicht fixieren und die Konturen erkennen. Nach zwei Monaten erkennt es die Farbe Rot. Es kann einem Gegenstand mit den Augen folgen und dabei den Kopf drehen.
Im dritten Lebensmonat zeigt es das so genannte „soziale Lächeln", das eindeutig Ausdruck des Erkennens und seiner Freude ist. Die freudige Reaktion seiner Eltern motiviert Ihr Baby zur weiteren Kontaktaufnahme und zum Austausch durch Laute, Mimik und Gesten.

SPASS FÜR ALLE: SPRACHSPIELE UND ERSTES SPIELZEUG

Das wichtigste Hörspiel für die Jüngsten ist Summen und Vorsingen von Mama, Papa und Geschwistern. Früh übt sich: Auch Babies tanzen gern, wenn sich die Eltern mit ihnen im Rhythmus der Musik singend bewegen. Wiegenlieder zur Beruhigung fördern nicht nur die Sprachentwicklung Ihres Babys, sondern sind anstelle eines Schnullers auch besser für die gesunde Kiefer-Zahnentwicklung. Nicht nur in fremden Kulturen, sondern auch bei uns gibt es Kinder, die so behütet den Beruhigungssauger gar nicht erst angewöhnt bekommen. Versuchen Sie es mal.
Schön illustrierte erste Liederbücher mit Sing-Fingerspielen, einfachen Rhythmen und Reimen sind im Buchhandel zu bekommen. Auch die altbekannte Spieluhr mit einer schnell vertrauten Melodie bringt Ihr Kind zum Hinhören und Lauschen.

Rote Papiergirlanden oder ein am Kinderwagen und Bettrand befestigtes buntes Baby-Mobile aktivieren die kindlichen Sehzellen und steuern seine Blickrichtung. Neugierde und Interesse wecken alle neuen Dinge, besonders die rote Rassel, ein kleiner Ball oder der Bär und die Stoffpuppe.

Mitteilungsbedürfnis: Erste Lallperiode im dritten und vierten Lebensmonat

Mehr als zwei lange Monate hat sich Ihr neues Familienmitglied an Sie gewöhnt, von seinem nächsten Umfeld Besitz ergriffen und die ganze Familie gut beschäftigt. Ihnen ist sicher die unbändige Neugier aufgefallen, mit der Ihr Baby sich seine kleine Welt erarbeitet. Auch banale Dinge sind höchst interessant, müssen erfasst und abgelutscht werden. Und die Sprache? Sie wird von allen diesen Alltagsaktivitäten angeregt – vor allem, wenn Sie die Aktivitäten versprachlichen: *„Jetzt geht es ab ins Pullefass.“ – „Da kannst Du mit Wasser patschen.“*

VORSORGE-UNTERSUCHUNG U4: WAS WIRD DIESMAL UNTERSUCHT?

Im dritten bis vierten Monat nach der Geburt gehen Sie schon zur vierten Vorsorge-Untersuchung, der U4. Auch wenn Ihr Kinderarzt jeden Tag viele, viele Kinder sieht und hört (Hörschäden sind bei ihm als Berufskrankheit anerkannt), freut er sich doch jedes Mal, wenn wieder eines seiner Kinder die „TÜV-Plakette“ bekommt. Worauf achtet er in der U4? Für die Sprachentwicklung relevant sind die Entwicklung der Muskulatur, die Bewegungs- und Koordinationsfähigkeit und das Verhalten des Kindes. Durch einfache Tests (wie beispielsweise das Auslösen von Reflexen), seine genaue Beobachtung und Erfahrung beurteilt er Ihr Kind. So werden auch das Seh- und das Hörvermögen erneut geprüft. Dabei sollte Ihr Säugling in der Lage sein, seinen Blick Ihnen zuzuwenden, wenn er Sie hört.

JETZT KOMMT SCHON MEHR:
AKTIVE SPRACHE UND SPRACHVERSTÄNDNIS

Kleine Schritte sind schließlich auch Schritte – vor allem, wenn Sie genau hinhören: Mittlerweile gibt Ihr Baby auch andere Laute als nur Schreien von sich.
Anhand von kleinen Unterschieden im Klang, in Mimik und Gestik drückt es
seine Bedürfnisse schon gezielter aus: *„Wo ist die Hausbar? Lass Essen kommen."* oder *„Jetzt möchte ich schmusen."* oder *„Danke. Mir reicht's, möchte schlafen."*
Als beliebtes Spielchen – wenn gerade kein Unterhalter da ist – wird Ihr Kind
neue Laute bilden. Bevorzugt in Rückenlage werden Zunge, Gaumen und Lip
pen zusammen mit der Stimme ausprobiert. Und noch etwas funktioniert ab
jetzt: Ihr Baby „antwortet" Ihnen, wenn Sie es richtig ansprechen. Was „richtig" dabei ist, bestimmt natürlich Ihr Kind. Und ob es Lust zum Antworten hat,
auch.
Die ersten Laute, die nun mehr oder weniger absichtlich gebildet werden, formt
der Säugling im vorderen Mundraum. Sie hören sich an wie *„m, n, b, p, l, t, d, f,
w"* und werden ergänzt durch Vokallaute wie *„a, e, i, o, u"*. Dazu kommen Kehl-
laute wie Gurren und Quietschen: *„gr, gr"*. Darin unterscheiden sich schwer-
hörige Kinder wenig von normalhörigen, weil die Lautbildung für sie alle die
neue Freude am Spiel mit der Mundmotorik ist.
Gleichzeitig hat Ihr Baby schon ein geringes Sprachverständnis entwickelt, das
zunächst in der gewohnten Umgebung auffällt. So reagiert es mit Verhaltens-
änderungen, das heißt: Wenn es angesprochen wird, unterbricht es sein Spiel
und wendet Ihnen seine Aufmerksamkeit zu. Es versteht zunächst zwar nicht
„was", sondern „wie" etwas gesagt wird. Dann aber reagiert es adäquat – also
so, wie Sie es erwarten (mal von Ausnahmen abgesehen).

BEWEGUNG UND WAHRNEHMUNG

Und was Ihr „bestes Baby von allen" sonst noch alles kann: die erste Turnü-
bung. Es kann sich an den Fingern von Mama und Papa (der ist kräftiger und
hat oft mehr Ausdauer) festhalten und hochziehen. Dabei sagt der kleine Turn-
verein zusammen *„Aaaaa..."* wie – Applaus!
Bis zum vierten Monat ist die Dialogbereitschaft, die Ihr Kind mit den Augen
signalisiert, besonders groß. Bleiben Sie deshalb auf Augenhöhe mit Ihrem

Baby. Schaut es Sie aufmerksam an, beginnen Sie mit dem „Augengruß". Und der geht so: Heben Sie die Augenbrauen und reißen Sie Augen und Mund weit auf (...die Arbeitskollegen schauen ja nicht zu). Ihr Kind wird ebenfalls Augen und Mund weit öffnen. Es reagiert also auf Ihren Gesichtsausdruck als Aufforderung zum „Dialog", auch wenn es das Wort noch nicht kennt. Sie ahmen so einander wechselseitig nach und spiegeln sich in Mimik, Gestik und Lautbildung. Sie merken bald: Es entsteht die Basis für eine tolle, sehr innige Beziehung zwischen Ihnen und Ihrem Kind.

Das Baby übt auch über das „soziale Lächeln", Ihre Zuwendung zu bekommen. Eltern, die auf diese Kontaktversuche einfühlsam eingehen, brauchen keine Angst vor einem willensstarken oder sogar „schwierigen" Säugling zu haben, aus dem sich ein kleiner „Tyrann" entwickeln könnte. Auch ein Schreibaby wird mit zunehmender Reifung seiner Wahrnehmung spätestens nach dem sechsten Lebensmonat dieses „soziale Lächeln" zeigen und die angenehmen Gefühle der taktilen (gefühlten) Kommunikation immer mehr erleben wollen.

Spannend empfindet Ihr Säugling die Erforschung seiner Umgebung und sich selbst mit seinem Tastsinn. Mit raschelndem Papier und einer leisen (laut wird es noch früh genug!) Quietschpuppe hat es viel Spaß und kann sich auch einmal allein beschäftigen. Durch Greifen und Betasten mit dem Mund und mit den Händen, aber auch beim Strampeln auf der Wickelunterlage werden meist zufällig hervorgerufene Laute produziert. Das Kind spielt lustbetont mit seinen Lippen und seiner Zunge oder stößt prustend Luft aus.

SPRACHSPIELE: SMALLTALK WILL GEÜBT SEIN

Sie greifen die kindlichen Laute und Äußerungen auf und wiederholen sie – so gut Sie können. Dabei sollten Sie Blickkontakt mit Ihrem Baby halten, wenn Sie mit ihm sprechen und mit ihm lallen, gurgeln und schmatzen und was es sonst noch an Lauten (mit dem Mund!) produziert. Dadurch wird es ermutigt, seine Mundmuskulatur zu trainieren. Im zweiten Schritt ahmen Sie die stimmlichen Aktivitäten Ihres Babys nach und formen sie dann teilweise in bekannte Lautverbindungen um, meist in höheren Tonlagen und in einfacher Form, z. B.: aus dem „A..." des Kindes machen Sie „...Arm?" - „Möchtest Du auf den Arm?".

Bei solchen „Gesprächen" mit dem Kleinen werden immer wieder kleine Pausen eingebaut, um es zum Antworten einzuladen.

Kitzel-, Finger- und Körperspielchen wie *„Hoppe, hoppe Reiter"* oder: *„Geht ein Mann die Treppe rauf, klopft an: Bim-Bam – Guten Tag, Madam!"* machen schon dem Baby viel Freude.

KUSCHELN, ESSEN, SCHLAFEN, BADEN, SPIELEN: NATÜRLICHE SPRECHSITUATIONEN SCHAFFEN

Essen, Kuscheln, Schlafengehen, Baden und jedes Versprachlichen dieser Tätigkeiten empfindet schon der Säugling als angenehm und spannend. Das Spielen mit seinen Händen und Füßen und anderen Körperteilen (siehe frühe Aufklärungsliteratur) fasziniert den jungen Erdenbürger. Lustvoll wird gerasselt, werden Greifringe erkundet und alles zum Spielzeug umfunktioniert. Dieses „orale Erkunden" mit dem Mund fördert die geistig sprachliche Entwicklung ebenso wie jede aufmerksame Beschäftigung mit dem Kind. Je mehr mit ihm gesprochen wird, desto mehr lernt es natürliche Sprechsituationen zu suchen, aufzugreifen und in Gang zu halten.

LIEDER VORSINGEN: ÜBER MELODIE UND RHYTHMUS KOMMUNIZIEREN

Wenn Ihr Baby schreit oder unruhig ist, oder auch, wenn es gerade wach und aufnahmefähig ist, sollten Sie mit ihm Lieder singen, es dabei sanft wiegen und an Armen und Beinen behutsam im Rhythmus bewegen. Melodie und Rhythmus erleichtern ihm, Sprache wahrzunehmen – auch wenn es den Sinn Ihrer Worte jetzt noch nicht versteht. Ihr Säugling lernt zuzuhören – die entscheidende Grundlage, um Sprache später selbst zu gebrauchen.

Mit drei Monaten reagiert Ihr Baby mit Lächeln und Bewegung, wenn es Töne hört und den Rhythmus fühlt. Alle seine wachsenden Fähigkeiten – also sein Sehen, Hören, Fühlen, willkürliches Bewegen – unterstützen Sie auf diese Weise spielerisch und fördern zugleich die ersten Schritte zur Sprachentwicklung. Auch das häufige Wiederholen von Satzmelodie und stetig wiederkehrenden Worten hinterlässt „Sprachspuren" im sich stetig anpassenden und entwickelnden Gehirn. So ganz nebenbei schulen Ihre Lieder sein Gefühl für Satzmelodie und Sprachrhythmus und bringen Ihr Baby in bessere Stimmung.

„NA, LAUSCH MAL": SPIELE ZUM HÖREN

Die gute alte Kinderrassel trainiert das Richtungshören, wenn sie abwechselnd vor dem rechten, dann vor dem linken Ohr Ihres Säuglings rasselt. Er folgt dann aufmerksam Ihren Händen und reagiert freudig. Wenn Sie die Rassel von hinten außerhalb des Blickfeldes ertönen lassen, dreht Ihr Kind seinen Kopf in die Richtung, wo der Schall herkommt.

Die Spieluhr mit verschiedenen Motiven, wie sich drehende Tiere, die bellen, miauen, brüllen oder krähen, oder der Melodie von bekannten, einfachen Kinderliedern fesseln die Aufmerksamkeit.

Sanfte Klangspiele, die über das Bettchen gehängt werden können, beruhigen und trainieren den Blickkontakt und das Lauschen.

In bunten Plastikbechern kann man Kugeln oder Steine schütteln, verstecken und wieder finden lassen. Zur Sicherheit sollten sie ausreichend groß sein, damit sie nicht verschluckt werden oder in Ohr oder Nase landen.

Konzentriertes Lauschen können Sie mit vielen Alltagsgeräuschen trainieren, wie Klingeln an der Haustür, Ticken der Uhr, Zerknüllen von Zeitungspapier, Vogelgezwitscher, Rauschen einer Tanne, dem vorbeifahrenden Auto, das *„Brumm, brumm"* macht.

Gesunde Kinderohren sind übrigens hochempfindlich: Wenn der Staubsauger heult, halten sich Kinder gern die Ohren zu. Sogar Glöckchen, Knall- oder Knackgeräusche und die Quietschente können bereits zu einem Hörschaden führen, wenn sie nahe am Ohr entstehen.

„GUCK MAL, FÜHL MAL": SPIELE ZUM SEHEN UND TASTEN

Die Natur hat es so eingerichtet: Über den Sehsinn erhalten wir die meisten Sinneseindrücke, durch den Tastsinn erfassen wir viele Empfindungen mit der Haut. Ihr Baby spielt mit allem, was es sehen und ergreifen kann, um es zu betasten, in den Mund zu stecken und eingehend zu untersuchen – und auch mit sich selbst, mit den eigenen Fingern, Füßen, Zehen.

Welche Möglichkeiten ein Spiegel so bietet, sollten Sie mal ausprobieren (bitte unter Aufsicht benutzen). Ihr Baby zeigt es Ihnen gern: Es schaut sich interessiert an, auch mit dem Mund, und betatscht sein Spiegelbild, schaut hinter den Spiegel und beobachtet die eigenen „Faxen".

Greifring, Beißring, Stoffball und Stoffpuppe, Schmusetiere (ohne aufgesetzte

Glas- oder Knopfaugen) hat es „zum Fressen" gern. Achten Sie beim Kauf immer auf das GS-Prüfzeichen, damit alle Erkundungen glimpflich ausgehen.

„Rate mal": Fingerspiele

Beginnt Ihr Baby, mit seinen Fingern zu spielen, dann wird durch Fingerspiele seine Aufmerksamkeit vollends gebannt. Es begreift mit seinen Fingern seine kleine Welt und auch die Sprache. Was unsere Großmütter damals intuitiv mit ihren Fingerspielen bahnten, wird nach dem heutigen Stand der Wissenschaft bestätigt: Fingerspiele fördern Bindung, Sprache und Intelligenzentwicklung. Und es macht dem Baby viel Spaß, wenn man es sprechend anschaut und dabei an seinen kleinen Fingern zupft, sanft rüttelt und zum Beispiel folgenden Vers spricht:

„Das ist der Daumen.
Der schüttelt die Pflaumen.
Der liest sie auf.
Der trägt sie nach Haus.
Und der Schlingel ...
... isst sie alle auf."

Wenn Sie vor der letzten Zeile, mit der Sie am kleinen Finger ankommen, eine Pause machen, erhöht das die Spannung und Ihr Kleines schaut Ihnen gebannt auf den Mund. Es wartet direkt auf das, was jetzt folgt. Zum Schluss krabbeln und kitzeln Sie dem „Schlingel" auf dem Bauch herum – und er wird wahrscheinlich krähen vor Freude.

Melodie und Rhythmus: Der vierte bis sechste Lebensmonat

Das erste Vierteljahr ist nun schon vorüber, und Ihr Kind hat die Zeit genutzt. Es ist äußerlich und auch innerlich – vom Verstehen und vom Verstand her – ein wenig gewachsen. Und sind nicht Sie auch ein wenig mit gewachsen? Eine intensive Beziehung ist entstanden. Sie und Ihr Kind verstehen sich – auch noch ohne viele Worte. Und alle Ihre Zuwendung und gemeinsamen

Erfahrungen miteinander bereiten nun den Boden für eine gesunde weitere Entwicklung. Gehen Sie die mit Freude an.

LEARNING BY DOING

Aktive Sprache

„Kuckuck!" - Das Baby beobachtet aufmerksam Ihren Gesichtsausdruck und kann bereits an Mimik und Tonfall Ihre Stimmung, die Laune seiner Eltern erkennen. Es versucht nicht selten die Mundbewegungen der Eltern nachzuahmen und lauscht konzentriert, wenn Sie ihm Lieder vorsingen und mit ihm in seine Hände klatschen. Nach vielen Jahren wiederholt es sich: Den Klassiker *„Backe, backe Kuchen"* haben auch Sie schon als Kind geliebt. Schlagen Sie mit dem Kochlöffel ein paar Takte und sagen: *„Bum, Bum.".* Dann beginnt Ihr Spross häufig, mit den Füßen zu trommeln, auch nach der Aufforderung: *„Mach einmal Bum, Bum."* Weil das echt witzig ist und funktioniert, macht es beiden Spaß – Ihrem Kind und Ihnen.

Nach dem fünften Lebensmonat kündigt das *„rhythmische Strampeln"* die nächste Phase der Sprachentwicklung an: Es kommt nun das Erlernen der Sprechrhythmik, also die regelmäßige Wiederholung von Lauten und Silben als weiterer Schritt zum richtigen Sprechen.

Sprachverständnis

Was bekommt Ihr „kleiner Fratz" nun schon mit? Was geht in seinem Köpfchen vor? Gehen Sie mal davon aus, dass er immer etwas mehr mitbekommt, als Sie glauben. Ob er das alles für sich schon sortieren, einordnen oder gar verstehen kann, ist eher unwahrscheinlich. Aber in den vielen kurzen und auch längeren Schlafphasen sortiert das kleine Hirn die vielen neuen Wahrnehmungen. Es filtert das aktuell Wesentliche und Prägnanteste aus den Sinneseindrücken heraus. Es gewichtet sie und wertet sie – und speichert sie nach häufigen Wiederholungen mit einer höheren Wertigkeit. Das Ganze funktioniert also wie bei den Großen – nur auf einer sehr frühen, einfachen Ebene, was die Inhalte angeht. Aktuell werden jetzt im vierten bis sechsten Lebensmonat melodisch-rhythmische Strukturen und unterschiedliche Tonlagen wahrgenommen und aufgegriffen. Ihr Kind versucht sie nachzumachen, es dreht den Kopf gezielt zur Geräuschquelle und wiederholt das *„Bum, Bum",* das es gerade gehört hat.

LAUTÄUSSERUNGEN IM ZUSAMMENHANG:
BEWEGUNG, WAHRNEHMUNG, BEGREIFEN, SEHEN, FÜHLEN

Unzählige Male haben Sie es nun beobachtet: Ihr Baby kann nach Spielzeug (oder was es dafür hält) greifen und erkundet es mit dem Mund. Wenn es auf dem Bauch liegt, hält es seinen Kopf hoch und betrachtet aufmerksam und ausdauernd seine Umgebung. Dann rollt es sich vom Bauch auf den Rücken und vom Rücken auf den Bauch zurück. Für uns bewegungsarme Erwachsene wäre das schon eine Herausforderung.

Große Gegenstände in kräftigen Farben wecken Babies Interesse und fesseln seine Aufmerksamkeit. Und dann – gegen Ende des sechsten Monats – unterscheidet Ihr Kind vertraute von fremden Menschen, indem es sich freut, abwartend oder auch abwehrend reagiert. Ein bisschen schade – die ganz arglosen Zeiten, wo man das Baby wie ein Spielzeug herumreichen konnte, sind nun vorbei.

SELBSTGESPRÄCHE:
SEHEN UND FÜHLEN WERDEN KOMMENTIERT

Nicht immer stehen Sie oder ein anderer Spielpartner zur Verfügung. Und das ist gut so. Ein Baby muss auch mal in Ruhe gelassen werden. Während Sie beispielsweise spülen und mit Geschirr klappern, brabbelt Ihr Kleines stillvergnügt vor sich hin. Es hört, dass Sie da sind, und die Geräusche signalisieren ihm Normalität, Alltag, Geborgenheit. Ihr Baby nutzt die Zeit auf seine Weise: Es stopft Spielzeug oder seine Faust in den Mund und erzeugt dabei wohlige Gurrgeräusche. Es schmatzt und produziert dabei Lippenlaute wie „Mh" und „Mb". Während Sie Klappergeräusche machen, tönt es eine ganze Weile „Wäh-wäh- wäh". Langweilt das Kleine sich schließlich, klingt das „Wäh..." etwas kläglich. Es sucht nach neuer Beschäftigung und möchte sich mit Ihnen unterhalten – dass das mal klar ist!

UNTERSTÜTZUNG:
GRUNDLAGEN ZUR LAUTENTWICKLUNG SCHAFFEN

Wenn Sie sich darauf einlassen können und möchten, greifen Sie seine Lallmonologe auf und verlängern Sie die Lauttiraden. Noch ohne dass in herkömmlichem Sinne richtige Sprache benutzt wird, können Sie so auf einem Lautniveau mit Ihrem Kind herumschwadronieren. Ein intensiver Blickkontakt, ein Lächeln, das Streicheln der Ärmchen und das rhythmische Bewegen seiner Arme und Beine stimulieren sein Glucksen und Kreischen. Ähnlich wie manche unangenehmen Zeitgenossen hört sich Ihr Baby nämlich gern selbst reden. Und das macht Sinn: Auf diese Weise trainiert es seine Sprechwerkzeuge, vor allem Kiefer, Zunge und Lippen, intensiv. Geben Sie ihm so oft es geht die Chance – und tricksen Sie es nicht aus, indem Sie seinen Saugreflex mit einem Schnuller bedienen.

Warum? Nun, ein Schnuller sperrt die Kiefer auf und drückt die Zunge herunter. Er ist also nicht nur für die Entwicklung der Sprechwerkzeuge, sondern auch für die Artikulation eher hinderlich. In jedem Supermarkt können Sie es beobachten: Ein still vor sich hinsaugender Säugling ist sich gerade selbst genug und nicht sehr kommunikationsfreudig. Fühlt er sich satt und geborgen, spielt er mit seinen Sprechwerkzeugen – sofern sie frei beweglich sind. Er produziert alle möglichen Laute dieser Welt. Formen Sie aus seinen Lautgebilden sinnvolle Sätze: *„Möchtest du den Ball?"* – da wird er nicht nein sagen, und weiter geht's. So hört sich Ihr Kind allmählich in seine Muttersprache hinein.

ALLE MACHEN MIT:
SPIELE ZUM HÖREN, WAHRNEHMEN, BEGREIFEN, SEHEN, FÜHLEN

Das nötige Inventar haben Sie schnell zusammen, es ist ja noch kein ganzer Spielzeugladen: Eine kleine Spieluhr, die Sie zum Klingen bringen. Für das Rasselspielzeug (RRRR...) ist Ihr Baby schnell der Spezialist. Ein Glöckchen, das Sie mit Lautmalereien *(„Bim...- Bam ...")* begleiten, können beide bedienen. Basteln Sie eine Maske aus rotem Karton mit ausgeschnittenen Augen, lachendem Mund und Nase. Die guckt Ihr Baby immer wieder gern an und verleitet es zur Lautnachahmung. Und Babies Lieblingsspielzeug sind die bunten Holzbausteine (größer als der Babymund), die es greifen und wegwerfen kann. Daran saugt es noch immer hingebungsvoll. Es ist so auch gern einmal allein beschäftigt.

Und wie werden gymnastische Übungen zu Sprachspielen? Ganz einfach geht zum Beispiel die „Lokomotive." Dabei wird das Baby an den Fußgelenken gefasst und im Rhythmus einer anfahrenden Dampflok bewegt: *„Sch – Sch – Sch ..."* im rhythmischen Sprachgesang. Oder die härtere Gangart: *„Hau- Ruck",* aber bitte die Beinchen dranlassen! Und wenn alle Varianten durchgespielt sind, ist der Lichtschalter („an"- und „aus"-machen) dran. Da ist Ihr Baby sehr viel ausdauernder als Sie oder auch als die Glühbirne. Die brennt nämlich bald durch und bleibt dunkel. Aus die Maus.

„Schnuller, adieu!"
Die zweite Lallperiode
im siebten bis neunten Lebensmonat

Flott vergeht die Zeit – und schon hat Ihr „kleiner Racker" ein halbes Jahr hinter sich gebracht. Unermüdlich – Sie haben es vorher geahnt – hat er sie in Trapp gehalten und gefordert. Und Sie sind manchmal etwas geschafft und müde, aber auch mächtig stolz auf IHR Goldstück. Es ist doch nicht zu glauben, was so ein Babylächeln alles bewirken kann. Genießen Sie es und begleiten Sie seine nächsten Schritte in die Kinderwelt.

Vorsorge-Untersuchung U5: Was wird diesmal untersucht?

Wir sind zwar alle keine Autos, aber zur Inspektion müssen wir doch. Und das öfter als alle zwei Jahre. Zur fünften Vorsorgeuntersuchung (U5) erwartet Sie Ihr Kinderarzt zwischen dem sechsten und siebten Lebensmonat. Dabei wird er neben der körperlichen Untersuchung ein besonderes Augenmerk auf die geistige Entwicklung Ihres Kindes richten. Der Säugling sollte in diesem Alter den Kopf kontrollieren können und mit den Händen nach Gegenständen greifen. Der Kinderarzt befragt die Eltern nach dem Verhalten und der Bewegungsfähigkeit des Kindes im Alltag. Alles gut gelaufen? Das haben Sie als Eltern vorher gewusst – und trotzdem ist diese Bestätigung wichtig und gibt Sicherheit. Und nach der Inspektion wird das Tuten geübt – wetten, dass Ihr Kleines mitmacht?

Der Besuch der Schnullerfee oder das Ende der Saugphase

Im siebten Lebensmonat ist in der natürlichen Entwicklung das Ende der Saugphase erreicht. Das Lutschen am Schnuller oder Daumen sollte jetzt aufhören.
Mit seinem Erkundungstrieb hat Ihr Kind so viel zu erforschen, dass es sich
nicht langweilt und den Schnuller auch objektiv nicht mehr braucht. Es ist jetzt
in der „Beiß-, Kau-, Greif- und Begreifphase" angekommen, steckt alles in den
Mund und greift alles Erreichbare mit seinem Pinzettengriff. Eigentlich ist uns
klar: Ist Ihr Kind beschäftigt, hat der Daumen Wichtigeres zu tun als gesaugt
zu werden. Wenn Sie jetzt immer wieder den Beruhigungssauger anbieten oder
unaufgefordert in die „Brüllöffnung" schieben, verlängern Sie nur unnötig die
abgeschlossene Saugphase.
Wie sagte mir mal ein alter erfahrener Professor: *„Ein Schnuller hilft nur den
Eltern, aber nicht dem Kind."* Da ist etwas Wahres dran. Wie fast immer im Leben gibt es eine Ausnahme: Frühgeborene brauchen den Schnuller manchmal
(nicht alle!) bis zum 3. Lebensjahr.

Tipp:

Und wie kommt die Familie ohne Schmerz und Pein vom Schnuller
weg? Wenn Sie so weit sind, dass Sie sagen: „Schluss jetzt damit!",
dann nehmen Sie Ihrem Kind den Schnuller weg und stellen sich auf
drei unruhige Nächte ein – am besten im Urlaub. Bleiben Sie konsequent. Nutzen Sie notfalls für kurze Zeit Geräuschschutz für Ihr Gehör. Und spendieren Sie Ihrem Kind in dieser kleinen Krise besonders
viel Liebe. Danach braucht auch Ihr Baby den Schnuller nicht mehr.
Den hat nämlich die Schnullerfee in der Nacht abgeholt.

Noch ein bewährter Tipp einer Kieferorthopädin: Stechen Sie den Schnuller
ein und drücken ein wenig die Luft heraus. Geben Sie Ihrem Baby dann den
Schnuller. Und nun schneiden Sie täglich 1 mm davon ab – bis er fast unmerklich immer kürzer wird und abfällt. Ich habe über viele Jahre festgestellt,
dass Mütter von mehreren Kindern das viel konsequenter umsetzen können

als Mütter mit ihrem ersten Kind. Verständlich: Denen tut das ja sooooo... leid. Aber auch das Aufziehen von Kindern ist ja ein Lernprozess, den bisher zum Glück fast alle Eltern erfolgreich gemeistert haben. Wie geht es dann weiter? Ersetzen Sie den Sauger durch einen unschädlichen Beißring, eine Ökomöhre und viel Beschäftigung in der „Beiß-, Kau-, Greif- und Begreifphase" (auch 2. Lallphase genannt). Ach – fast hätte ich es vergessen: Herzlichen Glückwunsch, dass Sie es geschafft haben!

KIEFER-ZAHNFEHLSTELLUNGEN AB SÄUGLINGSALTER VORBEUGEN

Wenn Ihr Kind jetzt gelegentlich etwas mehr quengelt und nicht so gut drauf ist, können seine ersten Zähnchen daran schuld sein. Die erinnern uns daran, dass schon sehr früh die Weichen für ein gesundes Gebiss gestellt werden. Sie können da ohne zusätzlichen Aufwand viel Gutes tun:

- Durch das Stillen lernt Ihr Säugling ein korrektes Bewegungsmuster der Zunge.
- Der Lippenschluss des Kindes wird trainiert und damit eine wichtige Voraussetzung für die Sprachbildung, die gesunde Kieferentwicklung und Nasenatmung geschaffen.
- Die Atmung durch die Nase (und nicht den Mund) ist umgekehrt auch eine entscheidende Voraussetzung für die normale Kieferentwicklung und Karies-Prophylaxe.
- Wenn Sie abwechselnd rechtsseitig und linksseitig stillen und Ihr Kind auch von der jeweiligen Seite anlegen, beugen Sie damit einer unregelmäßigen Gesichtsentwicklung (Gesichts-Asymmetrie) vor und verhindern einen seitlichen Gebiss-Schiefstand (lateralen Kreuzbiss). Auch ein Flaschenkind darf nicht einseitig in immer der gleichen Position gefüttert werden.
- Grundsätzlich sollte Ihr Kind mit knapp einem Jahr nicht mehr saugen, gleichgültig aus welchem Flaschenaufsatz oder an welchem Beruhigungssauger. Nicht nur Saugerflaschen, sondern auch Trink-Lerngefäße mit Schnabelaufsatz können bei längerfristiger Verwendung über das erste Lebensjahr hinaus die Entstehung von Milchkaries begünstigen.
- Wenn die Zähnchen kommen, wird der Saugreflex durch den Kaureflex abgelöst. Deshalb ist es vorteilhaft ab dem 7. Monat – dem Beginn des Zahndurchbruchs – das Fläschchen durch den Trink-Lernbecher zu ersetzen. Vom

Schnuller wird dann abgewöhnt und auf Breikost übergegangen. So können Sie erste Kieferdeformierungen vermeiden.

„VERSTEHST DU MICH?"
AKTIVE SPRACHE (MITTEILUNGSBEDÜRFNIS) UND SPRACHVERSTÄNDNIS

Auch bei Ihrem Kind wird der Spracherwerb, wie bei jedem Kind, in Stufen und Sprüngen verlaufen, die sich durchaus überlappen können. Dabei entwickelt jedes Kind sein eigenes Tempo. Manche Schreikinder überspringen sogar die erste Lallphase (3. bis 4. oder 5. Lebensmonat), gelangen dann gleich in die zweite Lallperiode (6. bis 7., maximal 9. Lebensmonat).

Typisch für diesen Entwicklungsschritt sind Laute als Wunschäußerungen des Kindes:

- Es kann jauchzen vor Freude.
- Bei freundlicher Ansprache durch Mutter oder Vater ahmt es Laute nach.
- Die Vielfalt seiner Äußerungen reduziert sich auf die Laute der Muttersprache.
- Es versucht schon Lippenverschlusslaute (m, b) zu bilden.
- Häufige Silbenverdoppelungen: z.B. „da- da", „dei-die", „mem-mem" fallen auf.
- Es übt bei Wohlbehagen in aller Ruhe allein, zum Beispiel „rrr..."-Ketten.
- Und es wechselt dabei Tonhöhe und Lautstärke.
- Wichtig: Wenn die gewohnte Lautproduktion Ihres Kindes nachlässt, sollten Sie eine Hörprüfung durch den Kinderarzt veranlassen.

Langsam reift das Sprachverständnis Ihres Kindes heran. Sie können das an folgenden Beobachtungen ablesen:

- Es beginnt Vertraute und Fremde auch an der Stimme und Sprache zu unterscheiden und zu erkennen („Fremdeln").
- Es reagiert deutlich auf Musik und hat vielleicht schon Vorlieben.
- Seitlich liegende Schallquellen kann es bewusst lokalisieren und sich ihnen zuwenden.
- Es beginnt auf den eigenen Namen zu lauschen.
- Und es reagiert ganz unterschiedlich emotional auf den Tonfall, die Lautstärke und Mimik der Mutter.

Tanzen und Singen:
Lautäusserungen durch Bewegung
und Wahrnehmung

Sie merken den Fortschritt, nicht nur an seinem zunehmenden Gewicht und Längenwachstum: Ihr Baby kann jetzt auch kompliziertere Bewegungsmuster ausführen, Gegenstände über seine Mittellinie (Nase – Bauchnabel) von einer Hand in die andere geben und auch mit beiden Händen schon gleichzeitig greifen. Es benutzt Daumen und Zeigefinger wie eine Pinzette (Pinzettengriff) und kann nach kleinen Gegenständen, wie Kekse oder Rosinen, greifen und dadurch auch in übertragenem Sinne „begreifen".

Seine durch Laute geäußerten Wünsche gelingen ihm natürlich viel besser ohne Schnuller. Es gibt so viel zu erkunden, dass es den Schnuller oder „Beruhigungssauger" gar nicht braucht. Jetzt ist der beste Zeitpunkt zum Wegnehmen. Im neunten Monat sitzt Ihr Kind frei und selbständig und beobachtet interessiert seine Umgebung und sein Spiegelbild. Es spielt mit allem, was es erreichen und ergreifen kann, um es zu betasten, in den Mund zu stecken und eingehend zu untersuchen. Dabei bildet es seine Gurr- und Glückslaute (auch „Glückslaute"), es quietscht und lacht. Sprechen Sie seine Laute nach und lachen Sie mit. Tanzen Sie mit ihm und singen Sie ihm etwas vor. Oder schlagen Sie gemeinsam mit Kochlöffeln auf Töpfe und Kissen. Das schult sein Gehör (und freut die Nachbarn).

Strecken Sie die Zunge heraus und schneiden Sie Grimassen. Schauen Sie in den Spiegel und spielen Sie *„Kuckuck"* – der Papa verschwindet hinter dem Handtuch. Und *„Kuckuck"* – da ist er wieder. Der Ball rollt unter das Bett. Das Baby lernt so, dass Gegenstände auch dann noch da sind, wenn man sie nicht mehr sieht. Spielen Sie „Wegnehmen und Wiedergeben" und holen den Ball wieder hervor. So können Sie mit kleinen Dingen Freude machen.

Die Kommunikation über Bewegungsspiele macht Ihrem Baby besondere Freude. Das sind Körperspielchen oder durch die Luft wirbeln, dabei *„Hui"* rufen und Geräusche machen. Sie führen zu sprachlichen Spontanäußerungen und fördern die Lust auf Wiederholung. Natürlich darf das Kleine dabei keine Angst bekommen. Und achten Sie darauf, wann Ihr Kind genug davon hat. Sonst wird geplärrt.

Beliebt ist auch die „Körperrutsche". Dabei sitzen Sie auf dem Boden, haben Ihr Kind auf den Knien oder Oberschenkeln, heben langsam die Beine in die

Luft und lassen es auf Ihren Bauch rutschen. Dabei erzeugt es automatisch Juchzer-Töne. Generell werden Sie feststellen: Die Lautbildung durch Ihr Kind und seine eigene Lautwahrnehmung fördern einander.

Hinweise auf eine verlangsamte oder eine Fehlentwicklung wären, wenn das Kind noch nicht gezielt greifen kann, wenn es keine Kopfkontrolle hat oder auch keine Laute äußert.

„NICHTS IST VOR MIR SICHER": LAUTÄUSSERUNGEN DURCH SEHEN, FÜHLEN UND SCHRÄNKE AUSRÄUMEN

Alles was da klappert und raschelt, wie Plastiktöpfe ausräumen und Papier zerreißen, oder mit Reis oder Erbsen gefüllte und mit Klebestreifen fest zugeklebte Pappschachteln schütteln, entlockt Ihrem Baby Laute. Es hört sich selbst gern zu.

Wird ein Gegenstand fallen gelassen, fixiert es seinen Blick darauf. Es verfolgt fasziniert den freien Fall und kommentiert durch Lautäußerungen dieses für das Kind neue „Physikalische Gesetz". Wenn es die Schränke ausräumt, Pullover und Hosen „verschwinden" und wieder auftauchen, ist seine Freude mindestens ebenso groß wie die Lautproduktion. Das ist Lebensfreude pur.

„ICH KANN DAS AUCH": LAUTNACHAHMUNG

Von dem Moment an, in dem Ihr Baby Laute nachahmt, wird es der Erfahrung nach schnell in den Spracherwerb einsteigen. Bei anderen Kindern ist der Nachahmungstrieb erst mit drei Jahren entwickelt, aber auch solche Persönlichkeitstypen holen rechtzeitig vor Schulbeginn auf, wenn ihre Allgemeinentwicklung normal verläuft.

Sprechen Sie viel mit Ihrem Kind, auch wenn es nicht immer antwortet. Ihr Kind entwickelt dabei sein Sprachverständnis. Manche Kinder schweigen lange in sich hinein, andere brabbeln fast immer vergnügt vor sich hin. Wenn sein Gehör intakt ist, möchte das Kleine die Benennung immer wieder von Ihnen hören und speichert sie dann in seinem Gedächtnis.

Kinder haben unterschiedliche Strategien beim Spracherwerb: Die einen hören zu, die anderen imitieren und machen „Lautmalereien" nach. Manche Kleinkinder interessieren sich schon ab dem neunten Lebensmonat für Bilderbücher mit einfachen klaren Abbildungen. Sie zeigen dann auf die Bilder, die die Erwachsenen benennen sollen und greifen die Laute auf.

Andere Kinder stecken ihren Zeigefinger in jedes erreichbare Loch (Achtung: Steckdosen!) und sagen: „*Da, da*". Oder sie zerlegen etwas schweigend und ohne Vorwarnung. Die „Nicht-Nachsprecher" konzentrieren sich dann mehr auf den Inhalt und auf das Hinhören. Beide Strategien des Spracherwerbs sind aber normal. Beobachten Sie mal, zu welchem Typ Ihr Kind gehört. Das können sie ihm später einmal erzählen: „*Du warst schon immer...*"

Tipp:

Empfehlenswerte Spiele zum Hören, Bewegen, Wahrnehmen, Begreifen, Sehen, Fühlen

Rassel, Greifring, Beißring als Schnullerersatz, Stoffball und Stoffpuppe oder -tiere ohne aufgesetzte Glas- oder Knopfaugen, Spieluhr, Mobile oder Klangspiele, die über das Bett gehängt werden können, das Duplo-Spiel- und -Lernbauset.

Kaufen Sie keine Spielzeugtiere mit lauten Quietschtönen, mit Knall- oder Knackgeräuschen, weil dadurch bei Kleinkindern ein frühzeitiger Hörschaden entstehen kann. Achten Sie auf das GS-Prüfkennzeichen, d. h. „Geprüfte Sicherheit".

„*Bald bin ich eins!*"
Der zehnte bis zwölfte Lebensmonat

Ihr Kind wird zunehmend mobiler. Das macht den Alltag noch interessanter, aber auch anstrengender. Jetzt gilt es vermehrt aufzupassen: Was wird wieder angestellt? Wo wird wieder drin rumgepopelt? Sind noch alle Tassen im Schrank? Gehen Sie es gelassen an. Sie waren einmal genauso.

VORSORGE-UNTERSUCHUNG U6: WAS WIRD DIESMAL UNTERSUCHT?

Zur sechsten Vorsorge-Untersuchung U6 lädt Sie Ihr Kinderarzt zwischen dem zehnten und zwölften Lebensmonat ein. Nutzen Sie diese einmalige Gelegenheit, auf Ihre Fragen kompetente Antworten zu bekommen. Der Kinderarzt untersucht jetzt besonders die Sprachentwicklung und die Körperkoordination. Ihr Kind sollte in diesem Alter in der Lage sein, Doppellaute wie „Ma-mam" oder „Pa-pap" zu bilden und Gegenstände mit Daumen und Zeigefinger zu ergreifen (Pinzettengriff). Es kann frei sitzen, manche Kinder krabbeln auch schon, und es kann mit Unterstützung (Festhalten) auf den Beinchen stehen. Bei unbekannten Personen fremdeln Kinder in dem Alter, das heißt, sie ziehen sich zurück.

WAS DAS KLEINKIND SCHON KANN, HÖRT DER KINDERARZT GERN

Ihr Kind hat einiges dazu gelernt. Vom Standpunkt der Großen, der Erwachsenen, mag das vielleicht wenig sein. Aber wenn Sie sich vorstellen, dass alle späteren Germanisten oder andere Wissenschaftler mal so angefangen haben? Sehen Sie, der Start ist geschafft, Ihr Kind ist auf dem Weg − und mächtig stolz, wenn es zeigen darf, was es schon kann. Mit Ihrem Lob im Rücken klappt das natürlich noch viel besser...

Aktive Sprache

Im Bereich der aktiven Sprache (das ist das, was vorn rauskommt) kann Ihr Kind mit knapp einem Jahr schon einige Dinge benennen:

- So formt es Doppelsilben und beginnt, diese sinnvoll zu ordnen, z. B.: *„Mama, Ba-ba"* (für Papa) und *„Am, am"* (für Hunger).
- Es ahmt zwei Tierlaute nach, z. B: *„Wau-wau", „Piep-piep"*.
- Auch lässt sich Ihr Schatz nun zum „Dialog" anregen. Wenn Sie ihn ansprechen, versucht er zu antworten. Und das kann hin und her gehen.
- Manche frühstartenden Kinder beginnen bereits mit ersten Einwortsätzen, die dann etwa zwei bis zehn Wörter lang sein können. Aber das ist eher die große Ausnahme.

Sprachverständnis

Und was kommt im kleinen Köpfchen an? Auch das Sprachverständnis hat sich rapide weiter entwickelt:

- Ihr Kind reagiert auf den eigenen Namen (der wird jetzt übrigens wichtiger als all die niedlichen Kosenamen).
- Es befolgt kurze Aufforderungen, z. B.: *„Komm her... - Gib mir..."*, wenn es Lust dazu hat.
- Dazu kommt schon ein *„Bitte-bitte"* oder auch das *„Winke-winke"* zur Begrüßung und zum Abschied.
- Wenn Sie eine ihm bekannte Person nennen, z. B.: *„Wo ist der Papa?"*, dann schaut es zu dieser hin.
- Es versteht Verbote, wie *„Nein, nein"* und hält bei seinem Vorhaben inne (wenn das nur immer so bleiben würde!)
- Und ohne die Inhalte bereits zu verstehen, erkennt Ihr Kind aus Melodie und Rhythmus der Sprache, wie Sie etwas meinen: *„Mama muss jetzt aufräumen, kann jetzt nicht spielen!"*

Wahrnehmung und Bewegung

Ihr Baby bekommt schon ganz viel mit. Es nimmt Farben, Formen, Flächen, Bewegungen, Berührungen, Schwingungen und Geräusche wahr und kann sie voneinander unterscheiden. Manche Bewegungen macht es nach und wiederholt sie gern immer wieder: Auch wenn es Sie irgendwann nervt: Schubladen und Türen öffnen macht es aus Neugierde und Freude, begleitet von Lautäußerungen wie *„Da-da"* oder *„Ba-ba"*. Und nicht um Sie zu ärgern.

Spaß macht einem Baby auch, Gegenstände auf den Boden zu werfen und zu schauen, was dabei passiert. Etwas hineinstecken und wieder herausziehen, einfüllen und umkippen kann es ebenso wie am Ende des ersten Lebensjahres mit Klötzen kleine Türme bauen und einen großen Becher in einen kleinen stecken. Fast könnte man denken: *„Wenn das so weiter geht, wird aus dem kleinen mal ein großer Forscher"*.

Sehen und Fühlen

Aha-Erlebnis: Zum ersten Mal erkennt Ihr Spross sich selbst im Spiegel und Abbildungen in Büchern. Schön bunt und einfach sollten die sein. Er kann jetzt allein aus einer Plastiktasse trinken und mit einem Löffel essen, Kleckern inklusive. Begleiten Sie alles, was Sie mit ihm zusammen machen, mit Sprache und verwenden Sie dabei möglichst einfache Sätze: *„Wir trinken." - „Wir essen."* Spielen Sie den Reiseführer: Gehen Sie mit Ihrem Baby durch die Wohnung und benennen und erklären Sie mit einfachen Worten Dinge, die seine Aufmerksamkeit fesseln. Beschränken Sie sich dabei auf einige wenige, etwa drei Gegenstände, die Ihr Kind interessieren. Dann überfordern Sie nicht seine Aufnahmefähigkeit.

„MACH MIT!"-SPIELE ZUM HÖREN, WAHRNEHMEN, BEGREIFEN, SEHEN, FÜHLEN

Sie kennen noch einige Fingerspiele und Klatschverse? Wenn nicht – lassen Sie mal die Oma ran. Das sind genau die Dauerhits, die Aufmerksamkeit und Freude an der Sprache wecken: Eine Nuss in einer Hand verstecken und raten lassen, in welcher sie wohl steckt. Oder Bauklötze nebeneinander zu einer Mauer bauen und ein kleines Pferd darüber springen und wiehern lassen: *„Wi hi hi hi."*

Viele Kinder ahmen beim Spielen Lautgebilde und Geräusche nach, die dazugehören: Bauklötze auf Lastwagen laden, dabei „Brumm, brumm" machen, eine weiche Stoffpuppe streicheln geht am besten mit *„Ei ei"*, und einen Keks gezielt in die Tasche stecken wird mit *„Hm, lecker"* kommentiert. Und vergessen Sie dabei nicht, Babys Bäuchlein zu streicheln. Eines wird hier schon klar: Babys brauchen nicht viele Spielsachen, sondern Beschäftigung und Ansprache, also Zeit und Zuwendung.

ZEIGESPIELE AN GEGENSTÄNDEN UND EINFACHEN ABBILDUNGEN

Jetzt mit einem Jahr kann Ihr Kind mit seinem Blick einem Gegenstand oder Vorgang folgen und ihn bewusst wahrnehmen. Wenn Sie ihm einen Vogel zeigen und sagen: *„Guck mal! Das ist ein Vogel."*, sagt es vielleicht: *„Piep, piep"* oder hört nur interessiert zu. Sagen Sie: *„Der Vogel frisst."* Ihr Kind antwortet vielleicht: *„Ham".*

Und wenn es das noch nicht tut – kein Malheur, sondern ganz normal: Nicht wenige Kinder, die ich gehört habe, sprechen solche Wörter erst zwischen dem 18. Lebensmonat und dem zweiten Geburtstag. Wenige Kinder tun das noch später, trotzdem sind diese Kinder nicht behindert. Es ist gut so, dass Kinder

46

in diesem Alter noch nicht in unserem Turbozeitalter angekommen sind. Nur den Eltern fällt es manchmal schwer, das zu glauben.

Aber Sie haben ja die nötige Gelassenheit und bleiben „am Ball". Schulen Sie das Sprachverständnis Ihres Kindes, indem Sie fragen: „*Wo ist die Puppe?*" - „*Da.*" „*Zeige mir die Augen... – gut.*" „*Die Nase... – gut.*" „Und den Mund... – richtig." Reagiert Ihr Kind so schön, dann sollten Sie zu großen Abbildungen in Bilderbüchern übergehen. Es muss jetzt nicht mehr alles erst einmal mit dem Mund erkunden, sondern tastet zunehmend mit den Händen und zeigt mit Gesten, z. B. „trinken".

Es hat klick gemacht: Vom Sprachverständnis zum ersten Wort

Nicht immer ist das erste Wort „*Mama*" oder „*Papa*". Manchmal interessiert sich ein Kind so sehr für die Erdanziehung – das Fallenlassen –, dass es zuerst „*hunter*" spricht (= runter) oder „*heiß*", wenn es dampft. Haben Sie ein eigenwilliges Kind, dann schreit es „*Nein*" – und bleibt zunächst dabei.

Die ersten gesprochenen Wörter sind meist nicht klar verständlich, aber wichtig ist: das Kleine benutzt das Wort für einen bestimmten Gegenstand, Vorgang oder Zustand. Es hat gemerkt, dass alle Dinge einen Namen haben, und benutzt zur Verdeutlichung von Vorgängen noch gern Gesten oder Geräusche (z. B. Luft ansaugen für „trinken"). Irgendwann wird das Trinkgeräusch dann durch „*Inti*", „*Inten*", „*tinten*", „*tinken*" und vielleicht mit fünf Jahren durch „*trinken*" ersetzt. Ein schweres Wort.

Anbahnung des Wortschatzes

Ihr Kind spricht häufig das Wort nicht nach, sondern schaut Sie nur interessiert an. Wiederholen Sie das Wort noch einmal in betonten Silben: „*Hier hast du eine Ba-na-ne.*" So aktivieren Sie die so genannte Hör-Merkspanne Ihres Kindes – und irgendwann wird es „*Na-ne!*" aufgreifen. Das ist keine halbe Banane, sondern auch schon eine ganze. Genauso, wie „*Bah! – nane*" keine matschige Frucht, sondern die Vorstufe zum richtigen Wort ist.

Also geben Sie etwas zu essen oder ein Spielzeug ruhig leicht verzögert und warten Sie die Reaktion Ihres Kindes ab. Äußert es den Wunsch noch nicht, sondern greift danach, bleiben Sie geduldig und wiederholen Sie in der gleichen Form. Es wird so auf den Klang Ihrer Stimme achten und das Wort leichter verarbeiten.

Bauen Sie die ersten Wörter in immer wiederkehrende Spiele ein, als da wären

• Geben und Nehmen
• Ausräumen und Einräumen
• Verstecken und Finden
• Greifen und Stecken von Holzgegenständen

Diese vielen kleinen Wiederholungen von Aktion und Benennung helfen Ihrem Kind, den Zusammenhang abzuspeichern und als nächstes unter gleichen Bedingungen wieder zu erkennen und aufzurufen. Da funktioniert der Computer ein bisschen wie ein Baby. Nur – Ihr Baby kann schmusen und entwickelt sich selbst immer weiter...

Babys erste Wörter

Über gemeinsames Spielen mit Ihnen und diesen frühen sprachlichen Austausch lernt Ihr Kind seine ersten Wörter. Setzen Sie Ihr Kind in seine Aussichtskanzel, den Hochsitz, und essen Sie gemeinsam mit ihm, auch wenn das zunächst etwas mühsam ist und Sie selbst etwas zu kurz kommen. Ihr Baby will nun schon allein mit dem Löffel essen und aus seinem Becher trinken. Es hört den Kindern und Erwachsenen beim Tischgespräch zu, rührt in seinem Brei und singt vielleicht schon: *„Happa, happa"*. Aber auch, wenn es zunächst noch keine Anstalten zu sprechen zeigt, so hört es sich in die Sprache der Großen hinein. Auf die gleiche Weise lernt es allmählich, selbst zu sprechen.

Aufgepasst: Ihr Baby kann jetzt einzelne Wörter in fortlaufender Rede erkennen. Aus dem Redefluss greift es Fragmente und Äußerungen auf. Es hört bestimmte rhythmische und melodische Elemente, die in leicht abgewandelter Form immer wieder an sein Ohr dringen. Und es versucht sie natürlich nachzumachen.

„Ich will das da!" – auch wenn es das noch nicht aussprechen kann. Aus der zielgerichteten Geste des Kindes entwickelt sich das bewusste Zeigen auf den Gegenstand und aus diesem wiederum das Benennen des Gegenstandes. Andere Kinder benennen noch lange nicht. Sie äußern aber spontan so genannte Funktionsworte, „kleine Wörter" wie *„da", „ab", „auch", „haben"* oder *„hallo"* frühestens nach dem 12., typischerweise allerdings erst etwas später nach dem 18. Lebensmonat.

Breit gefächert: Varianten der Sprachentwicklung im ersten Lebensjahr

Kaum ein anderes Detail der Kindesentwicklung zeigt ein derart breites Normalmaß wie die Kindersprache. Da gibt es extrem schnelle wie langsame Babies, aus denen allen erfahrungsgemäß später ganz normale Kinder werden. Ein Beispiel, das Sie vielleicht von befreundeten Müttern schon mitbekommen haben oder aus eigener Erfahrung kennen: Die schweren Monate mit Schreikindern sind oft nur mit tatkräftiger Unterstützung durch die ganze Familie und notfalls auch spezialisierte Gruppen und Einrichtungen zu überstehen. Manche Schreikinder überspringen dabei in den „harten" Monaten in ihrer Entwicklung glatt ihre erste Lallphase und beginnen dann aber nach etwa sieben Monaten gleich mit der zweiten Lallphase. So als wäre nichts gewesen.

Andere Kinder sagen auch an ihrem ersten Geburtstag noch immer nur *„da, da"* und ahmen so gut wie nichts nach. Sie lauschen aber deutlich dem Sprechen ihrer Eltern und Geschwister. Wenn sie dann leise von Ihnen mit ihrem Namen angesprochen werden, reagieren sie sehr schön, wenden Ihnen den Kopf zu und schenken Ihnen ihr schönstes Lächeln.

Stolpersteinchen: Risiken der Sprachentwicklung im ersten Lebensjahr

„Braaa...braa...bl...bbb..." – alle Kinder beginnen früh zu brabbeln. Aus Spaß am Ausprobieren ihrer neu entdeckten Sprechwerkzeuge. Das gilt auch für die wenigen Kinder, die wegen einer Hörstörung wenig oder so gut wie gar nichts hören. Man merkt das also nicht sogleich – und genau diese Klippe führt gelegentlich dazu, dass ein Hördefekt beim Baby erst sehr spät entdeckt wird. Denken Sie zur Sicherheit daran: Wenn Ihr Baby mit einem halben Jahr im Vergleich zu anderen Kindern auffällig weniger Laute äußert, oder wenn seine Stimme unnatürlich, zu hoch oder wenig klangvoll ist, könnte das ein Hinweis auf eine Hörstörung sein. Seien Sie dann nicht gleich beunruhigt, sondern sprechen Sie Ihren Kinderarzt

darauf an. Wenn der es für erforderlich hält, wird er Sie zur genauen Abklärung an einen Facharzt für Phoniatrie und Pädaudiologie überweisen. Und dort bekommen Sie die erforderliche Sicherheit. Meistens gilt dann: Kleine Ursache – große Wirkung. Und wenn wirklich das Gehör nicht ganz in Ordnung sein sollte: Sowohl kleine als auch große Hörprobleme sind heute sehr gut zu behandeln.

In seltenen Fällen können auch emotionale Störungen zu einem schweren Sprachentwicklungs-Rückstand führen. Das Kind lehnt dann Körperkontakt ab und blickt Sie nicht an. Es freut sich nicht über Ihre Zärtlichkeiten. Auf Veränderungen in seiner Umgebung und gegenüber bestimmten Reizen (Licht, Geräuschen, Schmerz) reagiert es sehr empfindlich und schreit heftig. Gegenüber anderen Reizen hingegen ist es sehr unempfindlich. Solche Hinweise sollten Sie von Ihrem Kinderarzt abklären lassen, der Ihnen dann weiterhilft.

COACHING:
FÄHIGKEITEN, DIE SIE BIS ZUM ENDE DES ERSTEN LEBENSJAHRES FÖRDERN KÖNNEN

Es sind kleine Dinge, auf die Sie achten können und die Ihrem Kind gut weiterhelfen. Zu diesen Grundvoraussetzungen für eine gesunde Entwicklung der Mundmotorik und der Stimmbildung gehören einige wenige Punkte:

Ihr Kind sollte nun in der Lage sein, seinen Mund überwiegend geschlossen zu halten – wenn mal ausnahmsweise nicht „palavert", getrunken oder gegessen wird. Auch Sabbern ist jetzt nicht mehr angesagt. Das Einjährige ...

- kann seinen Speichel herunterschlucken. Tippen Sie ihm mit dem Finger auf die Oberlippe – und schon geht der kleine Mund reflexartig zu.
- kann den Löffel mit Zunge und Lippen ablecken. Und wenn nicht – zeigen Sie es ihm. Eine der leichtesten Übungen und immer ein Foto wert. Klick.
- wird begeistert quietschen, gurren, Laute nachahmen und Silben plappern. Es kann die eigene Stimme so modulieren, dass Sie daraus auf seine Stimmungslage schließen können. Machen Sie es ihm vor. Erzählen sie ihm, was Sie freut, was Sie ärgert. Ihre Stimme verändert sich dabei je nach Laune. Und wenn es nichts zu berichten gibt: Summen Sie ein Liedchen oder singen Sie leise. Dann kommt immer etwas zurück – Ihr Kind will mitmachen und wird Sie nun von sich aus anfeuern...

Kapitel 2: Das Wichtigste in Kürze

▶ Die erste Zeit mit dem Neugeborenen dient der Annäherung und Kontaktaufnahme, die Sie spielend leisten können.

▶ Sie lernen zunehmend, die kindlichen Signale richtig zu deuten, die Bedürfnisse Ihres Säuglings zu verstehen und auf ihn einzugehen.

▶ Das erste Jahr lässt sich in Abschnitte von zwei bis drei Monaten einteilen, in denen Sprach- und Bewegungsentwicklung eng miteinander verknüpft sind – was Sie mit den passenden Spielen sehr schön unterstützen können.

▶ Die Schreiphase kann eine erste kleine Krise bedeuten, die Sie aber mit etwas Kraft, Geduld und kleinen Tricks meistern werden.

▶ Einen Schnuller braucht ein gesund entwickeltes Kind entweder gar nicht oder allenfalls bis zum siebten Lebensmonat, dem Ende der natürlichen Saugphase.

So förDern Sie die SprachentwickLung bis zum zweiten Geburtstag

3

In diesem Kapitel erfahren Sie, ...

▶ warum es keinen Sinn macht, Kindersprache in diesem Alter zu vergleichen

▶ wie Sie den Tag mit Ihrem Kind lustvoll in Sprache einbetten

▶ warum es Ihrem Kind jetzt Spaß macht, Reime und Spiele fast unendlich zu wiederholen

▶ wie unterschiedlich sich aktive und passive Sprache in der Zweiwort-Phase entwickeln

▶ ab wann und wie Ihr Kind von anderen Kindern lernen kann

Keine Ruhe in der Bude: Der 13. bis 15. Lebensmonat

Aus der Entdeckung und Bewegung entwickeln sich neue Wörter und Begriffe. Ihr Kind lernt sich zu artikulieren, seine Wünsche zu zeigen oder zu äußern, und es erobert seine neue Welt. Das bedeutet auch: Ihr Kind läuft jetzt ständig herum, steckt seine Finger in jedes Loch – auch in die Steckdose! Und es hält Sie ständig „auf Trab". Unablässig passieren neue Überraschungen, weil der Forscher- und Entdeckerdrang Ihres Kindes nicht zu zügeln ist. Das ist mehr als ein Full-Time-Job für Sie: Müssen Sie doch Ihre Augen überall haben, weil immer etwas Neues passiert. Schön, dass Sie trotzdem noch etwas Zeit zum Lesen finden. Und was kommt da noch auf Sie zu?

„Du schaffst das"

Aktive Sprache

In der Zeit nach dem ersten Geburtstag spricht etwa die Hälfte aller Kinder zwei bis drei Wörter. Die andere Hälfte schweigt lange in sich hinein. Woran das liegt – da streiten sich die Gelehrten. Man geht heute davon aus, dass es zum Teil ererbte Faktoren sind. Das können bei frühem Start ein gewisses Sprachtalent sein, aber auch eine Mentalitätsfrage, also ein Stückchen Bequemlichkeit und Langsamkeit, wenn es länger dauert. Auch das Geschlecht spielt – wieder einmal – eine Rolle: Weit mehr Jungen als Mädchen beginnen erst später zwischen dem 18. Lebensmonat bis zum dritten Geburtstag ihre ersten Wörter zu sprechen.

Aber machen Sie sich frei von der Vorstellung, dass ein möglichst früher Sprechbeginn irgendetwas für die weitere Entwicklung Ihres Kindes bedeuten muss. Wenn Sie das beherzigen, können Sie diese schöne Zeit mit Ihrem Kind (die ja nie wiederkommt) sehr viel entspannter angehen. Und genau diese Haltung hilf Ihrem Kind am besten. Wie sagte noch eine bekannte Sprachforscherin: *„Es ist unter normalen Bedingungen nicht möglich, ein Kind daran zu hindern, sprechen zu lernen."*

Wenn eine Hörstörung und eine neurologische Fehlentwicklung ausgeschlossen werden können, erreichen auch späte Sprecher (Kinder mit einem Sprechbeginn nach dem zweiten Geburtstag) bis zu ihrem sechsten Geburtstag eine korrekte Aussprache, einen altersentsprechenden Wortschatz und eine Grammatik, die sie schulreif machen.

Sprachverständnis

Allgemein unterschieden wird zwischen der aktiven Sprache, die Ihr Kind zunehmend laut von sich gibt, und seiner passiven oder rezeptiven Sprache, also dem, was es schon versteht. Wenn man es für notwendig hält, kann man diese unterschiedlichen Sprachanteile heute separat und einzeln messen, was bei kleinen Kindern allerdings sehr mühsam ist und viel Geduld verlangt, zumal es auch meist überflüssig ist. Aus solchen Untersuchungen weiß man, dass jetzt im Alter von einem Jahr zunehmend die Bedeutung von Wörtern erkannt und verstanden wird. Sie können das auch selbst feststellen: Ihr Kind sucht – wenn Sie es danach fragen – Dinge, die es kennt, und zeigt so zum Beispiel auf seinen Bauch, Ohren und Nase. Je mehr es von seiner Umwelt begreift, desto größer wird auch sein Sprachvermögen.

WORAUF SIE ACHTEN SOLLTEN: BETONUNG DES ARTIKELS UND MEHRZAHLBILDUNG

Es gibt jetzt zwei Dinge, auf die Sie als Eltern jetzt besonders achten können, um Ihrem Kind den weiteren Einstieg in die Sprache zu erleichtern: die besondere Betonung des Artikels *(der, die, das, den, dem)* vor einem Hauptwort und die Mehrzahlbildung *(Baum – Bäume)*
Sie haben vielleicht selbst schon gemerkt, wie viele Ausnahmen es im Deutschen gibt und dass es nicht schadet, im Zweifelsfall immer einen aktuellen Duden irgendwo im Zugriff zu haben. Nun stellen Sie sich vor, um wie viel schwerer dieses riesige neue Gebilde „Sprache" für Ihren kleinen Anfänger ist. Geradezu erdrückend. Und genau das soll es ja nicht sein, sondern es soll Spaß machen und zum Spielen einladen. Also geben Sie ihm viel Zeit und machen niemals Druck, wenn es im kleinen Kopf noch nicht „Klick" gemacht hat.

TIPP:

Und noch ein kleiner Tipp, den Sie sich von jetzt ab merken sollten: Je sauberer Sie selbst die Wörter aussprechen, umso besser versteht Sie

Ihr Kind. Wir alle ertappen uns im Alltag dabei, dass wir besonders die Wortendungen nicht richtig und vollständig aussprechen. Und wenn Sie dann auch noch die Sprechgeschwindigkeit etwas reduzieren, hat Ihr Schatz die besten Chancen alles mitzubekommen.

Also nicht so, wie Sie es zum Beispiel im Ruhrgebiet nicht selten am „Büdchen" (Verkaufskiosk) hören können: *„Tass-Kaff"* für *„Bitte eine Tasse Kaffee."* Oder *„Flasch-Bier"* für *„Bitte eine Flasche Bier."* Nehmen Sie besser Milch – und sprechen Sie die ruhig ganz aus.

Auf in die nächste Runde: Spielend Wortschatz und Sprachverständnis erweitern

Bestimmte Faktoren geben quasi die Richtung Ihres Kindes in seiner Sprachentwicklung vor. Sie bahnen, wie man sagt, die weitere Entwicklung. Dazu gehören im Wesentlichen Bewegung, Wahrnehmung, Sehen, Fühlen, Nachahmung. Natürlich sind Sie als professioneller „Löwenbändiger" für Ihr Kleines da die Hauptperson, mit der alles ausprobiert wird. Machen Sie sich also auf einiges gefasst.

Bewegung und Wahrnehmung

Ihr Kind möchte jetzt schon vieles selbst machen, zum Beispiel den Löffel selbst halten. Es sagt dabei manchmal *„auch"* für „möchte ich auch machen", um dann schnell einmal den Löffel fallen zu lassen (*„runter"*) und Sie anzuschauen. Das erwartete Resultat: Die Mama schimpft – und der Nachwuchs hat seinen Spaß. So fängt das mit dem „Veräppeln" an.

Genau so wird das abendliche Spiel (Waschen, Abtrocknen, Schlafanzug anziehen) zum beliebten Spielritual: *„Wem gehört denn der Arm? Der Arm gehört dem Ingo."*

Beim Eincremen wird zunächst ein dicker Cremeklecks auf das Bäuchlein gedrückt und so verteilt, wie Sie vorsingen: *„Der Mond ist rund, der Mond ist rund. Er hat zwei Augen, Nas' und Mund."* Dann wird die Creme verteilt, und beim Eincremen verschwindet das Gesicht wieder.

Das Schlafanzuganziehen wird zum Versteckspiel. *„Ja, wo ist denn der Arm? Da* *ist der Arm.*" Gern zeigt Ihr Kind seinen Arm, um ihn dann gleich wieder zu verstecken. Jetzt zeigen Sie sich aber bitte beeindruckt!

Normalerweise beschäftigt sich Ihr Kind auch gern allein und brabbelt dabei stillvergnügt vor sich hin, wenn es Dinge ein- und ausräumen, zusammenstecken, auseinander nehmen, mit Sand, Steinen, Wasser und Ästen spielen darf oder Bausteine stapeln und umwerfen kann.

Es blättert die Pappseiten von Bilderbüchern allein um und fühlt gern über raue oder weiche Abbildungen von „Fühlbilderbüchern". Dabei kann es schon ohne Unterstützung stehen und sich bücken, wenn es ein Spielzeug aufheben will.

Bei einfachen Steckspielen fügt es die farbigen Stifte in das Steckbrett und kleinere Becher in größere. Dabei wird alles lautstark kommentiert: *„Da, da, da"* übersetzen wir mal frei mit *„Da kommt der Weltmeister"*.

Sehen, Fühlen, Nachahmung und Ausprobieren

Wer mit seinem Kind spielt, vermittelt ihm liebevolle Aufmerksamkeit, Ermunterung und Sicherheit. Die Bindungssicherheit, der Forschungs- und Nachahmungstrieb Ihres Kindes und seine Sprachentwicklung hängen eng miteinander zusammen. Ermöglichen Sie Ihrem Kind möglichst viele Entdeckungen und Erfahrungen. Es versteht und verwendet später Wörter wie „Bär", „weich" oder „essen" umso besser, wenn es die entsprechenden Gegenstände, Abbildungen, Eigenschaften, Beziehungen und Tätigkeiten vorher mit möglichst vielen Sinnen begreifen kann.

Es lernt immer mehr durch Nachahmung. Zwei Klötzchen kann es nach Aufforderung und Zeigen aufeinander setzen. Es experimentiert mit Gegenständen, die im Haushalt so herumliegen. Ist doch ein schöner Grund, mal wieder aufzuräumen. Sonst wechseln Ihre Kosmetikutensilien unweigerlich den Besitzer...

Wenn Ihr Kind einfache Wörter jetzt noch nicht von sich aus nachspricht, trainieren Sie die Beweglichkeit seiner Sprechwerkzeuge, indem Sie Tierlaute und andere Geräusche spielerisch nachahmen. Bei Musik und Kinderliedern in die Hände klatschen oder *„Winke, winke"* machen, die Arme im Takt drehen – das animiert Ihr Kind zum Nachmachen. Es begreift, dass zu bestimmten Lauten auch bestimmte Bewegungen gehören, und freut sich über Fingerspiele, Kinderreime und rhythmische Spiele. Sie werden es bemerken: Ihr Kind will dann alles in immer wieder genau der gleichen Weise wiederholen. Daran können Sie sehr schön erkennen, dass es gerade lernt.

DAS RICHTIGE SPIELZEUG FÜR EINJÄHRIGE

Für jedes Lebensalter gibt es das richtige Spielzeug. Für die Kleinen mit einem Jahr sollte es noch nicht so kompliziert sein. Wenn Sie ein Geschenk aussuchen oder vorschlagen, könnte es jetzt beispielsweise sein:

- ein Nachziehspielzeug (mit breiten Achsen), ein großes Auto mit Ladefläche
- ein Plüschtier zum Liebhaben und Schmusen
- große Bauklötze in verschiedenen Formen und Farben
- Spielzeug aus zusammensteckbaren Teilen wie Becherpyramide, Ringpyramide
- erste Pappbilderbücher
- Sandspielzeug

Und müllen Sie Ihr Kind besser nicht von Anfang an zu: Am besten bekommt Ihr Kind immer nur eines dieser Spielzeuge, das dann seine Aufmerksamkeit fesselt. Leider werden Kinder auch in diesem Alter oft schon „zugeworfen" mit Bergen von Spielen, was jedoch ihrer Konzentration auch jetzt schon schaden kann. Also – die Liebe und nicht die Menge macht's.

„DARF ES NOCH ETWAS MEHR SEIN?" DER 16.- 18. LEBENSMONAT

Wenn Sie jetzt den Eindruck bekommen haben, Ihr Kind lerne täglich etwas dazu, dann kann das zwar sein – aber Sie merken es vielleicht nicht so richtig. Genau genommen verläuft die Sprachentwicklung nämlich in kleinen Schüben mit mehr oder weniger langen Pausen dazwischen. Das ist also normal und muss uns keine neue, kosmetisch störende Sorgenfalte auf die Stirn meißeln.

DER ALLTAG BRINGT'S

Aktive Sprache

Die meisten Kinder können jetzt außer „Mama" und „Papa" noch drei andere Wörter wie vielleicht „da", "nein", „Wau, wau" oder „ab" sprechen. Zusätzlich drücken sie mit Gesten aus, was sie als nächstes vorhaben, wie „essen". Monatelang bleibt es so bei einigen wenigen Wörtern. Bis der nächste kleine Schub kommt. Es kann aber durchaus sein, dass Ihr Kind schon deutlich mehr spricht, einzelne Motive im Bilderbuch benennt und einzelne Handgriffe, die es macht, richtig kommentiert – zum Beispiel: *„Sau-bah! – Sau-bah!"* beim Putzen helfen mit dem Lappen. Das ist natürlich keine Kritik an fehlender Hygiene, sondern bedeutet einfach *„sauber machen!"*.

Sprachverständnis

Auch das Verstehen nimmt langsam, aber stetig zu: In der Mitte des zweiten Lebensjahres reagiert Ihr Kind richtig auf einfache Fragen und Aufforderungen: *„Hol den Ball"* setzt dann nicht mehr nur den Hund in Aktion. Auch Verbote werden jetzt verstanden – was noch nicht heißt, dass sie befolgt werden. *„Nein"* kann dann auch mal vom Kind zurückkommen. Es kann den Kopf schütteln, einen bestimmten Körperteil oder auf einzelne Bilder zeigen. Neugier und Forschungsdrang halten das Kind und seine Eltern auf Trab.

SCHENKEN SIE ZEIT: SPIELEND WORTSCHATZ UND SPRACHVERSTÄNDNIS ERWEITERN

Sprache entsteht – wie Sie jetzt wissen – nie allein aus sich selbst heraus, sondern aus den vielen kleinen Kontakten und Erfahrungen, die das Kind in seiner kleinen Welt so macht. Wie viele das so im Laufe der Zeit werden, hängt auch ein bisschen von Ihnen ab. Schenken Sie deshalb, so oft wie es geht, das wertvollste, was Sie haben: Zeit fürs Kind.

Bewegung und Wahrnehmung

Die Möglichkeiten zu neuen Erfahrungen wachsen für Ihr Kind mit seinen zunehmenden Freiräumen und Aktionsmöglichkeiten. Als Anhaltspunkte für die aktuelle Entwicklung können folgende Meilensteine (nach *Richard Michaelis*) gelten:

- **Der Geher:** Gegen Ende des 18. Lebensmonats spätestens gelingt Ihrem Kind freies Gehen mit sicherer Gleichgewichtskontrolle. Apropos Kontrolle: Ihr Kind hat jetzt ganz schnell herausgefunden, wann Sie mal einen Moment nicht aufpassen – und schwupp... – ja, wo ist es denn?

- **Der Sammler:** Wenn Sie es darum bitten, wird es Gegenstände in ein Gefäß hineinlegen oder wieder herausholen (wenn Sie lieb waren).
- **Der Bauherr:** Ihr Kind kann aus zwei bis fünf kleinen Klötzen einen Turm bauen.
- **Der Schauspieler:** Ihr Kind zeigt Rollenspiele mit sich selbst, so „trinkt" es aus einer Spielzeugtasse.

Nebenbei interessant für Sie: Ihr Kind zeigt jetzt durch seine erweiterten Spielmöglichkeiten schon gewisse Vorlieben und Charaktereigenschaften. Was es davon später übernimmt und was davon sich vielleicht noch stärker ausprägt, das wird erst die weitere Entwicklung zeigen.

Sehen, Fühlen, Nachahmen und Ausprobieren

Glücklicherweise hat die Natur Ihr Kind mit einer Extraportion Neugier ausgestattet: Erkunden, Untersuchen, Erfassen und in die schon bestehenden Erfahrungen einordnen. Alles an Handlungs- und Sprachangeboten, die Ihr Kind interessieren – wie Socken anziehen (mit „*an*" kommentiert) oder selbst essen (mit „*auch*" deutlich gemacht) – animieren es zum Nachmachen und Ausprobieren.

Was Kontakte betrifft, so ist Ihr Kind normalerweise noch zurückhaltend. Interesse zeigt es allerdings schon für andere, fremde Kinder. Aber es will noch nicht mit ihnen zusammen spielen. Das kommt noch früh genug.

Alt genug zum Flirten: Der 19.- 21. Lebensmonat

Eigentlich hat es das schon von Anfang an gekonnt, aber jetzt wird es schamlos eingesetzt: Mit großen „*Bitte-bitte*"-Kulleraugen wird um Zustimmung gebuhlt – und ehe wir uns versehen sind wir hin und weg. Das Kind bekommt seinen Wunsch erfüllt. Das ist zunächst ganz normal. Es probiert halt alles aus und stellt schnell fest, auf welche Signale wir gut anspringen. Und in diesem jungen Alter geschieht das noch ohne Berechnung. Das kann später ganz anders werden, wenn das Töchterchen dem Papa auf den Schoß springt, weil es doch sooo... gern noch spät auf die Party möchte.

Vieles ist normal

Aktive Sprache

Die Spanne, was normal ist in diesem Alter, ist noch ziemlich breit. Einmal mehr gilt auch hier: *„Jedem das Seine – nicht jedem das Gleiche"*. Was heißt das mit 1 Jahr?

- Das eine Kind wiederholt ihm bekannte Worte, das andere spricht noch nichts nach. Bitte leiten Sie daraus keine Prognosen ab. Es kann sein, dass beide hinterher in dieselbe Klasse gehen werden und gleiche Leistungen zeigen.
- Es verwendet spontan etwa zehn Wörter und mehr, auch „Pseudosprache", das ist die „geheime" für die Großen nicht verständliche Kindersprache.
- Manche Kinder können auf Befragen einen Gegenstand oder ein Tier benennen. Wenn sie wollen.

Womit wir fast wieder beim Testen und Vergleichen wären. Und genau das sollten wir anderen überlassen – am besten dem Kinderarzt bei der Vorsorge. So lebt es sich sorgloser.

Sprachverständnis

Schneller als seine aktive Sprache nimmt das Sprachverständnis Ihres Kindes täglich zu. Sie merken das beispielsweise daran, dass es die Abbildungen in altersentsprechenden Bilderbüchern genau studiert und auf bekannte Figuren oder Tiere auf einem Bild und in der Umwelt zeigt, wenn Sie diese benennen. Auch kompliziertere Aufträge, wie *„Lege den Teddy in das Bett"* werden jetzt richtig ausgeführt. Haben Sie schon gemerkt? Ihr Kind will jetzt helfen, wenn Sie Hausarbeiten machen. Drücken sie ihm ruhig einen Lappen oder einen Feger in die Hand – und Sie haben das glücklichste Kind, weil es sich nützlich machen kann. Vielleicht werden Sie sich später noch einmal wehmütig daran erinnern.

Das macht Spass:
Spielend Wortschatz und Sprachverständnis
erweitern

Die schönste Art des Lernens findet in freier Wildbahn statt. Und wenn die nun mal nicht zu Ihnen kommt (die meisten Kinder verbringen heute den lieben langen Tag in der Wohnung!), dann gehen Sie in sie hinaus. Was glauben Sie, mit welcher Begeisterung Ihr Kind mitzieht. Zusatzeffekt: So bekommen Sie bestimmt später keinen „Couch-Potato" (neudeutsch für „schlaffer Schluffen"), der in die Breite statt in die Höhe wächst. Nutzen Sie den natürlichen Bewegungsdrang Ihres Kindes, der höchstens noch von Ihrem Hund übertroffen wird.

Bewegung, nochmals Bewegung und Wahrnehmung

Gehen Sie also mit Ihrem Kind so oft wie möglich auf den Spielplatz, in den Park oder in den Wald. Ihr Kleines lernt ständig dazu, wenn es sich bewegt. Das freie Gehen mit sicherer Gleichgewichtskontrolle macht ihm ebenso große Freude wie das Herbeiholen von Spielzeug, Stöcken oder Blättern. Geben Sie ihm Aufträge: *„Hole mir den Ball...die roten Blätter...".* Es kann einen Ball werfen und treten, ohne umzufallen. *„Wir spielen Fußball."* Sein Wortschatz erweitert sich durch solche Aktionen – und nicht durch Übungen zum Nachsprechen, wie *„Sag mal: Ball, Puppe."* Diese Aufforderung zum Nachsprechen führt bei vielen Kindern sehr leicht zu Verstimmungen. Man kann das verstehen: Ein Kind ist ja auch kein Papagei. Obwohl es da offensichtlich Ausnahmen gibt: Manche Kinder plappern gern auch nach. Reagieren Sie einfühlsam auf seine Bedürfnisse – das ist der individuell bessere Weg.

Sehen, Fühlen und Kontaktaufnahme mit anderen Kindern

Geben Sie Ihrem Kind ruhig einen dicken Buntstift in die Hand. Es malt gern schon Striche oder füllt Zeichnungen mit Farben aus und lernt so die Bedeutung seiner Aktion. Das muss ja nicht gerade auf der frisch tapezierten Wand passieren. Ihr Kind betrachtet auch interessiert Bilder in Bilderbüchern und Fotoalben. Es erkennt Personen, Figuren in Geschichten und Situationen wieder – und genau das macht ihm Spaß.

Diese Erfolge, die Ihr Kind bemerkt und braucht, zusammen mit der Geborgenheit, die Sie ihm bieten, machen es mutiger und offener für Neues: Es zeigt erste Annäherungsversuche gegenüber anderen Kindern und entdeckt, wie interessant die sein können.

„*Und schon bin ich fast zwei*“
Der 22. bis 24. Lebensmonat

„*Was machen die denn da so?*“ scheint Ihr Kind oft mit großen Augen zu fragen. Am Ende der Säuglingsphase (aus welchem Jahrhundert stammt nur diese veraltete Einteilung?) interessiert sich Ihr Kleines schon sehr für andere Kinder, weil es von denen lernen will. Dann sind Sie erst einmal abgemeldet: Genießen Sie die neue Erfahrung, dass Ihr Kind Sie mal aus den Augen verliert und Ihnen Ruhe spendiert, wenn ein anderes Kind zum Spielen da ist. Es ist interessant zu beobachten, dass sich beim gemeinsamen Spiel von zwei unterschiedlich alten Kleinkindern das Spielverhalten auf einem mittleren Niveau aneinander anpasst. Das ältere Kind nimmt sich automatisch etwas zurück, während das jüngere vom Anspruch her zulegt. Kontakt zu anderen Kindern ist gerade jetzt sehr wichtig, auch wenn das zunächst eine langsame Annäherung sein kann.

Suchen Sie bewusst den Kontakt. Verabreden Sie sich regelmäßig mit anderen Müttern und deren Kindern. Sowohl für Sie als auch für Ihr Kind ist das eine willkommene Abwechselung. Gerade am Anfang ist dieses gemeinsame Spielen für die Kinder aber nicht nur hochinteressant, sondern auch anstrengend. Laden Sie deshalb besser zunächst nur ein Kind oder wenige Kinder ein als zu viele. Behalten Sie deshalb auch die Zeit ein wenig im Auge: Länger als etwa zwei Stunden sollte so ein Treffen nicht dauern, weil Kinder im Alter von knapp zwei Jahren nicht viel länger aufnahmefähig und dann müde sind.

Keine strengen Regeln

Die Wortproduktion Ihres Kindes ist eng verbunden mit seinen Handlungen und den Situationen, die es begleiten. Mit einer kurzen zeitlichen Verzögerung, die das kleine Hirn noch für die Verarbeitung abgeschauter Handlungen, neu gehörter Laute und kurzer Wörter eines anderen Kindes braucht, versucht es diese nachzumachen. Das gelingt mal besser und mal... na ja. Auf jeden Fall versucht es Ihre Aufmerksamkeit zu erlangen, geht konzentriert und aufmerksam zur Sache: Zeichen dafür, dass Ihr Kind gerade einen wichtigen Lernschritt macht. Feuern Sie es ruhig an – mit verdientem Lob.

Aktive Sprache

Und was kann Ihr kleiner „Aktivbolzen" so sprechen? Das ist jetzt schon deutlich mehr geworden und beeindruckt sogar Tanten und Onkels. Ihr Kind benennt nun etwa

• zwei wichtige Tätigkeiten, z. B. *„Ham-ham", „Heia"*
• vier wichtige Dinge, z. B. *„Auto, Ball, Puppe, Wau-wau"*
• drei wichtige Personen, z.b. Mama, Papa und den Namen vom Geschwisterchen

Und Ihr Kind...

• ... verwendet regelmäßig schon 10 bis 50 Wörter und mehr, darunter Namen, Hauptwörter, Tätigkeiten, Körperteile.
• ... bildet die frühen Laute: *„N", „D", „T", „W", „F".*
• ... beginnt Zwei- und Dreiwortsätze als Wunsch oder Fragestellung. Das geschieht noch ungeformt, meistens in der Infinitivform (*„essen", „inki"* = trinken).
• ... kommt jetzt in das berüchtigte Fragealter, z.B. *„Is 'n das?"*

Sprachverständnis

Was Ihr Kind bereits alles verstehen kann, ist in der Regel deutlich mehr als das, was es selbst schon redet. Da ähnelt es uns Erwachsenen, wenn wir zum Beispiel Französisch lernen und am Anfang zwar schon etwas verstehen, aber die Worte noch nicht so fließen wollen. Da hat mich doch vor kurzem ein Franzose auf französisch nach dem Weg gefragt. Und was dann als Antwort kam bzw. nicht kam – Mann, war mir das peinlich ...

Ihr Kleines ist da im Vorteil: Ihm braucht nichts peinlich zu sein. Es versteht ja schon eine ganze Menge, so etwa wenn Sie sagen

• *„Heiß!"* oder *„Schlafen!"* (dafür wird es später zeitweise „taub")
• *„Möchtest du ...?"*
• *„Hol den Ball!"*
• *„Zeig mal Tante Irmi und Onkel Bernd."* (wenn es die kennt)

Und es zeigt, wenn Sie ihm zehn Bilder oder Gegenstände zur Auswahl anbieten, eins bis drei davon richtig. Wie – das reicht Ihnen nicht? Nun mal Geduld!

NICHTS IST MEHR SICHER:
SPIELEND WORTSCHATZ UND SPRACHVERSTÄNDNIS VERGRÖSSERN

Wenn Sie Ihr Kind konsequent „Selbermachen" und im Haushalt helfen lassen, fördern Sie damit die Produktion von Tätigkeitswörtern (z. B. „*pielen!*") als die Wegbereiter zur Satzbildung „*Ich möchte spielen.*" im dritten Lebensjahr (nach dem zweiten Geburtstag).

Bewegen und Wahrnehmen

Das Kind rennt und „redet" dabei den ganzen Tag. Fährt es Roller, Dreirad oder Tretauto, macht es entsprechende Geräusche, wenn die Eltern es ihm vormachen: „*Brumm-brumm*", „*Ähmemmemm*". Sauberkeitsregeln wie Händewaschen oder Putzen findet es (noch) spannend und kommentiert das mit „*Saubamachen, so sauba*", ebenso das sehr beliebte Zerlegen von Spielzeug, und es kommentiert sein Handeln und Tun mit „*putt!*" oder „*puttegang!*".

Ihr Kind mag jetzt besonders Holzpuzzle, Steckspiele und Türme aus mehreren (bis zu fünf) Klötzen bauen – und umwerfen. Bunte Kreise malen mit dem „Besengriff" (alle Finger halten den Stift) könnte eine seiner Lieblingsbeschäftigungen werden. Und die Bilder bekommen Sie geschenkt. Verwahren Sie die schönsten und schreiben hinten Vornamen und Alter drauf. Ich habe noch heute einige meiner frühen Kunstwerke und freue mich darüber.

Erweiterung von Aktionsradius und Selbständigkeit

Wenn Ihr Kind weiß, wie es sich in verschiedenen Situationen richtig verhält, gibt es ihm das nötige Selbstvertrauen und Sprechsicherheit. Die frühe Selbständigkeit wirkt sich angstmindernd aus, so dass es von sich aus peu à peu seinen Aktionskreis erweitert und möglichst alles „*alleineee!*", eben selbst machen möchte. Planen Sie genug Zeit für das „Selbermachen" ein, damit sich die kleinen Lernfortschritte bei den verschiedenen Tätigkeiten durch Üben und Wiederholen auch im Speichern der zugehörigen Wörter niederschlagen und festigen.

Ihr Kind merkt sich viel leichter die Aktionen im Alltag, für die es sich interessiert und die es gern immer wieder ausführt. Sie können sich als Eltern anstrengende Erziehungsregeln ersparen, wenn Sie einfach nur Vorbild sind. Ihr Kind macht Sie nach. Es gibt Ihnen das Lerntempo vor und zeigt Ihnen, wann es was lernen möchte. Schärfen Sie Ihre „Antennen" dafür und helfen Sie behutsam nach, wenn Ihr Zwerg noch nicht an die Klingel herankommt oder seinen Wunsch noch unvollständig äußert. Formulieren Sie freundlich, was es gelernt hat, und loben Sie es dafür. Bleiben Sie geduldig, wenn nach einem Lernfortschritt in der Sprachentwicklung erst einmal wieder der Aktionsradius erweitert und zum Beispiel jetzt das nächste Zimmer oder der Schrank „aufgeräumt" wird.

> **Gut Ding braucht Weile**
> Die normale Sprachentwicklung kann bis zum sechsten Geburtstag dauern und differenziert sich danach noch einmal in der Schriftsprache.

Sehen und Fühlen

Das Gefühl, alles „allein" machen zu können, erfüllt ein Kind mit Zufriedenheit. Dabei muss es bestimmte Regeln erkennen können, die ihm das Gefühl geben, es „richtig" zu machen. Ein Kind will spüren, dass es selbst in Ordnung ist, und braucht die Bestätigung, dass es sich richtig verhält. Wenn es die bekommt, wird es ausgeglichener und seine zunächst natürliche Ängstlichkeit nimmt ab. Der eigene kindliche Wille, die Entwicklung des „Ichs" und das Interesse an anderen Kindern sind positive Zeichen seiner Entwicklung zur Selbständigkeit.

„DU KANNST MICH ...!" – DER BEGINN DES TROTZALTERS

Zwergenaufstand? Nicht unbedingt. Eher Persönlichkeitsentwicklung: Seinen Wutausbrüchen, weil es unsinnige Wünsche nicht durchsetzen kann, begegnen Sie mit einem konsequenten „Nein". Das Protestgeschrei, auch wenn es immer lauter und Ihnen im Supermarkt zur Hauptverkehrszeit peinlich wird, verebbt nach einiger Zeit. Erst dann wird Ihr Kind für Streicheln und für eine kurze Erklärung wieder zugänglich. Manche Kinder schreien allerdings ausdauernd bis zur Erschöpfung und beruhigen sich erst im Schlaf oder bei einer ablenkenden Beschäftigung, wie Kuscheltier, Buchseiten umblättern, farbiges Papier zerreißen.

Das vielzitierte „Grenzen setzen" erschöpft alle Eltern, es muss aber ausgehalten werden. Sprechenlernen ist eben ein Prozess, in dem körperliche, seelische, geistige und soziale Fähigkeiten zusammenfließen. Motivieren Sie Ihr Kind zu sinnvollem Handeln, aber ohne Zwang auszuüben. Jede dieser „Übungen" muss ein Spiel bleiben, das ihr Kleines nicht überfordert, sondern ihm Freude macht.

Zum Mitmachen: Sprachspiele für das zweite Lebensjahr

Ihr Kind ist spürbar anspruchsvoller geworden. Sie haben das freudig, aber auch manchmal erschöpft registriert. Und vieles aus Ihrer eigenen Kindheit ist aus dem Vergessensein wieder aufgetaucht. Vielleicht fallen Ihnen gerade jetzt einige sorgsam gehortete Schätze aus der Zeit wieder in die Hände – oder Sie bekommen gerade besonders schöne Bücher oder Spielzeuge als Neuauflagen wieder angeboten. Genießen Sie es. Es macht beiden Spaß: Ihnen und Ihrem Kind, das Ihre Freude fühlt.

Fühlbilderbücher

Es war leider immer so: Die ersten Bilderbücher wurden und werden von den Kindern gern zerlegt. Stabile Pappbilderbücher, die Sie mit Ihrem Kleinen gemeinsam anschauen und besprechen, sind eine gute Lösung. Vor allem „Fühlbilderbücher," die seine Aufmerksamkeit fesseln und Eigenschaften wie „weich", „glatt", „rau" erfahren lassen, beschäftigen seine Finger, die Gefühlswelt und die Seele. Ihr Kind freut sich, wenn es ihm Bekanntes wieder erkennt, und benennt das dann spontan. Manche Kinder schauen sich nur die Abbildungen in den Büchern interessiert an. Am besten sollte es nur eine ausreichend große Bebilderung sein. Dann sind Sie dran: Nennen Sie die Dinge beim richtigen Namen und helfen Sie so Ihrem Kleinen bei seinem nächsten Lernschritt.
Dressurversuche wie: *„Sag mal Ente!"* können ihm aber das Sprechen vorübergehend verleiden. Auch wenn liebe Omas und Tanten sich damit versuchen.

Auf Aufforderung sagen viele Kinder in diesem Alter gar nichts. Wenige, sehr zurückhaltende Kinder verhalten sich noch bis zu ihrem fünften Geburtstag ähnlich, obwohl sie den richtigen Begriff kennen. Ist die Abbildung wirklich unbekannt, dann fragen manche: *„Is das?"* – was uns ein bisschen wie eine frühe Form der SMS-Kurzsprache vorkommt. Aber die kommt ja erst später.

SPIELE ZUM ERLEBEN UND ENTDECKEN

Haben Sie auch als Kind Omas Kaffeewärmer auf den Kopf gesetzt und auf dem Eierschneider Harfe gespielt? Nichts hat sich daran geändert: Alle Haushaltsgegenstände (Messer ausgenommen), die Ihr Kind zum „Kochen" und „Essen" oder für Rollenspiel mit Ihnen gebrauchen kann, sind ideale Kommunikationsspielzeuge. Und auch vor der Haustür sind Sie eingeladen, mitzumachen: Blümchen im Frühjahr, Beeren im Sommer, Blätter, Kastanien, Eicheln im Herbst, Äste und Steine zu jeder Jahreszeit – auf Waldspaziergängen gesammelt – sprechen Ihr Kind auch emotional an und erweitern spielend seinen Wortschatz. Ebenso *„Bitte-Danke"*-Spiele, also auf *„Bitte"* etwas holen, wieder wegtragen oder im Kreis mit Mama, Papa und Geschwistern herumreichen.

Kinder machen sich schon früh gern im Haushalt nützlich und wollen helfen. Das Angebot lassen Sie sich doch wohl nicht entgehen? Großer Lappen – kleiner Lappen – jedem das Seine und los geht's. Und dann war da noch etwas, das Mama und die Schwester gern so ausgiebig machen – richtig: Telefonieren. Früh übt sich der Meister – und achten Sie auf Ihre Telefonrechnung.

In etwas ruhigeren Stunden füllt Malen den Tag aus. So entstehen hingebungsvoll die ersten kleinen Kunstwerke. Es lohnt sich, diese zu betrachten, weil auch schon so ein kleiner Pinselquäler über Farben und Formen einiges aus seinem Inneren nach außen kehrt. Aber bitte nicht zu viel hinein denken. Für mich ist es immer ein ganz besonderes Geschenk, wenn mir ein Kind (dann meistens mit vier oder fünf Jahren) zum Abschied ein selbstgemaltes Bild schenkt, das dann natürlich einen Ehrenplatz bekommt.

Besonders zurückhaltende Kinder sind mit Handpuppen sehr schön aus der Reserve zu locken. Die sind ein ganz besonders „Taumittel". Ich lasse besonders gern Mama oder Papa mit den Handfiguren ihre Spielchen ausfechten. Da geht's dann nicht selten recht laut zu. So wie Gaudi ohne Bierzelt.

TIPP:

Machen Sie das Vorlesen zu einem alltäglichen Ritual. Das sind Zeiten absoluten Wohlbehagens für Ihr Kind, die Sie genau so genießen werden. Jeder von Ihnen hat dann seine persönliche Hitparade von Geschichten. Und wer sucht heute eine aus?

Sprachförderndes Spielzeug zum Schenkenlassen

Die Qual der Wahl. Nicht alles, was das Kinderherz begehrt, ist bei näherer Betrachtung „der Knaller" und sein Geld wert. Schon Zweijährige werden unbewusst und oft auch indirekt („hab ich gesehn!") von der Werbung beeinflusst. Die Auswüchse haben bestimmt auch Sie schon gesehen: da sitzt ein kleines „dickes Fränzchen" auf einem großen roten Plastikauto, das er – fast bewegungslos – über ein Fußpedal elektrisch angetrieben fahren lässt. Mein Testurteil: Kein Hit für Ihr Kid.

Auch wenn es einen Heidenlärm macht, die mittlerweile zweite oder dritte Generation des Bobby Car ist da immer noch um Klassen besser. Weil das Herumfahren damit (*„Brumm, Tü-tüt"*) zum Fitnesstraining für Ihren Spross wird. Danach schläft er wie der Teddybär.

Ein Klassiker ist die Holzeisenbahn mit Schienenstücken, die jeden Teppich befahrbar machen. Wenn die kleinen Anhänger noch beladen werden können, dann gibt es mächtig viel zu tun für Ihren Eisenbahner. Sie alle dürfen dann auch mal mitfahren: die Lieblingspuppe (den Titel muss die sich erst hart erarbeiten), das Stofftier zum Liebhaben und der Bär für Rollenspiele (*„Baby füttern"* und danach *„Klo gehen"*). Gehen Sie ruhig mit, sonst ist hinterher das 100 mm-Rohr verstopft und der Bär muss gerettet werden.

Sie haben schnell herausgefunden, womit Ihr Kind am liebsten spielt. Beispiele aus dem riesigen Angebot: Einfache Steckspiele mit großen Teilen, große Bauklötze, bunte Wachsmalstifte, Spielzeugtelefon (die funktionieren heute richtig), Bilderbücher mit einfachen, realistisch abgebildeten Tieren und Gegenständen. Lassen Sie sich im Fachgeschäft ruhig beraten – ohne Ihr Kind. Das will sonst den ganzen Laden kaufen.

Entwicklungs-Spannen: Die Varianten der Sprachentwicklung

Ihr Kind entwickelt allmählich einen aktiven und einen passiven Wortschatz. Mit zwei Jahren hat es einen großen passiven Wortschatz, d.h. viele Wörter, die es versteht und darauf reagiert, die es aber noch nicht selbst verwendet. In den Köpfen vieler Eltern herrscht nun Unsicherheit und ein wenig Orientierungslosigkeit aufgrund widersprüchlicher Ratgeber und „Babysprachprogramme" darüber, wie viele Wörter ihr Kind nach dem zweiten Lebensjahr sprechen sollte. Typischer Fall: Sie kommen dann mit Angst in die Beratungsstunde, dass ihr Kind trotz erfolgreicher Vorsorge-Untersuchung beim Kinderarzt noch nicht die viel zitierten „magischen" 50 Wörter spricht, sondern nur einige Wörter – oder noch gar nicht spricht.

In der Regel sind die Altersangaben als Norm dargestellt, die es zu erreichen gilt. Nicht wenige Entwicklungskalender in Deutschland setzen die Norm für viel zu junge Kinder an. Die Normen dieser Ratgeber bleiben dann wie ein „Plansoll" in den Köpfen der Eltern hängen und belasten nachweislich die frühe Kommunikation und Beziehung. Was ist nun richtig?

Neue wissenschaftliche Erkenntnisse bestätigen genau das, was erfahrene Kinderärzte und Therapeuten schon lange in der Praxis beobachten: Die Angabe ist falsch. Es ist nicht die Norm, dass Kinder mit zwei Jahren 50 und mehr Wörter sprechen müssen. Viele Kinder sprechen in diesem Alter nur einzelne Wörter und haben trotzdem keinen gestörten Spracherwerb. Eine „Wortschatzexplosion" (in kurzer Zeit ein sehr schneller Zuwachs), auf die viele enttäuschte Eltern warten, findet trotz optimaler sprachlicher Anregung und perfekter Sozialisation auch nicht immer statt. Bei manchen Kindern erfolgt das Wortschatzwachstum (entsprechend ihrem Naturell?) gemächlich und nicht in kleinen Sprüngen.

Und was ist die bessere Entwicklung? Abgesehen davon, dass Sie es sich nicht aussuchen können (Ihr Kind hat dafür keine Bestelladresse): Keine dieser Varianten ist der anderen überlegen. Sie sind nach neuesten Erkenntnissen gleich gut und führen letztendlich zum gleichen Ziel: zu einem guten Grundwortschatz bei Schulbeginn.

Es ist auch nicht die Norm, dass Kinder mit 18 Monaten Zweiwortäußerungen kombinieren. Manche Kinder tun das, andere wieder nicht – auch das ist wissenschaftlich abgesichert. Es gibt eben Kinder, die eine langsame Sprachentwicklung haben, was aber keinerlei (negative) Prognosen zulässt. Auch viele Fachleute sollten endlich umdenken: Langsam ist nicht gleichbedeutend mit Risiko. Jedes Kind schreibt seinen eigenen Sprachentwicklungskalender. Damit Sie die Sprache zum richtigen Zeitpunkt fördern können, ist Ihnen ein Rahmenplan mit Anhaltspunkten zur Orientierung eine Hilfe – aber sicher kein verordnetes Plansoll.

STOLPERSTEINE: RISIKEN DER SPRACHENTWICKLUNG IM ZWEITEN LEBENSJAHR

Durch Ihr enges Beisammensein mit dem Kleinkind werden dessen Bindungsverhalten und damit seine Sprachentwicklung aktiviert. Jeder kennt Gegenbeispiele: Unsicher gebundene Kinder mit wechselnden Bezugspersonen zeigen wenig Forschungs- und Nachahmungsdrang, so dass auch ihre sprachlich-geistige Entwicklung gehemmt ist.

Ehemalige Schreikinder müssen so ein Bindungsverhalten mit zunehmender Differenzierung, Ausreifung und dem Zusammenwirken aller Sinnesorgane – wie Blickkontakt, Herstellen eines gemeinsamen Aktionsradius, handlungsbegleitendes Sprechen durch die Eltern – erst allmählich lernen.

Viele Infekte – die eigentlich ja typisch gerade für die frühe Kindheit sind – können zur Beeinträchtigung des Gehörs und damit auch zu einer Sprachentwicklungs-Verzögerung (SEV) beitragen. Häufige Hörkontrollen und, falls erforderlich, eine Sanierung des Gehörs durch den Hals-Nasen-Ohrenarzt (HNO-Arzt) sind dann erforderlich.

Aber der kindliche Spracherwerb scheint weitaus robuster zu sein, als lange vermutet: Kinder können bei guter Allgemeinentwicklung selbst dann noch ein komplexes sprachliches Kommunikationssystem erwerben, wenn ihr Sehen oder Hören beeinträchtigt ist.

Spricht ein Kind mit zwei Jahren noch nicht, wird der Kinderarzt eine weiterführende neurologische Abklärung zur Aufdeckung einer eventuellen zusätzlichen Hörstörung, einer Intelligenzminderung oder eines Autismus einleiten. Führt das zu keiner erkennbaren Ursache, dann kann der Kinderarzt oder der HNO-Arzt vorschlagsweise bis zu sechs Beratungs- und Therapiesitzungen bei Sprachentwicklungs-Verzögerung (SEV) verordnen.

Und was erwartet Sie dort? Eine erfahrene Sprachtherapeutin (Logopädin) zeigt den Eltern im Spiel mit dem Kind, wie sie die Sprachentwicklung ihres Kindes im Alltag fördern können. Das kann beispielsweise bedeuten, dass Sie ab jetzt Ihr Kind auffordern, sprachlich um etwas zu bitten, anstatt nur einfach mit dem Finger auf etwas zu zeigen: *„Ich möchte..."*. Oder beim Anschauen eines Bilderbuches wird die Geschichte in Sprache umgesetzt. Das geschieht durch Alternativfragen (*„Bellt der Hund – oder frisst der Hund?"*, korrektives Feedback (wiederholen der kindlichen Äußerung in der richtigen Form) und Erweiterungen (*„Hund f_essen?"* – *„Ja, der Hund frisst – eine Wurst!"*).

MERKE:

Das Tätigkeitswort (Verb) ist immer der „Ordner" des Satzes.

In der Praxis sehe ich immer wieder gerade junge Eltern, die so verunsichert sind, dass sie die Beratung durch ihren Kinderarzt oder den Sprachtherapeuten seines Vertrauens brauchen, um unbefangen die weitere Entwicklung ihres Kindes zu begleiten.

Die neurologischen Reifungsprozesse des Gehirns verlaufen bei Kindern unterschiedlich schnell. Diese Reifungsprozesse bewirken, dass immer mehr Wörter im Gedächtnis gespeichert werden können. Und was gut genutzt wird, entwickelt sich bekanntlich auch weiter. Wir haben allerdings heute auch schon Fälle, in denen zu viel des Guten getan wird. Dann wird „Überförderung" zu Überforderung. Wenn Kinder optimale Anregungsbedingungen haben, reicht das in der Regel. Alles braucht seine Zeit – und die normale Sprachentwicklung manchmal bis zum sechsten Geburtstag.

*Ein verzweifelter Vater rief mich an, dass seine zweijährige Tochter **Ina** vor einem halben Jahr an einer Hirnhautentzündung erkrankt war. Jetzt, nachdem die schwere Erkrankung überwunden ist, spreche das Kind mit zwei Jahren nur 36 undeutliche Wörter. Bei der Vorstellung mit beiden Eltern – der Vater hat sich extra Urlaub genommen – macht es einen sehr wachen Eindruck. Es gibt mir freundlich die Hand und sagte „Hallo". Es steuert sofort auf den Kaufladen zu und stellt sich hinter die Kaufladen-Theke. Auf meine Aufforderung: „Gib dem Papa einen Korb und Geld zum Einkaufen" tut das Mädchen das mit großer Freude. Der Vater erhöht intuitiv seine Stimme und kauft Lebensmittel, die das Kind schon kennt. Er geht sehr einfühlsam auf sein Kind ein, das aufrecht hinter der Theke steht und stolz Papas Wünsche erfüllt. Die Mutter hat einen Säugling im Arm und schaut diesem „Sprachspiel" gespannt zu. Weil zum Glück das Gehör keinen Schaden erlitten hatte, kann ich auch Teile der „Münchener funktionellen Entwicklungsdiagnostik" mit Steckspielen für Farb- und Formwahrnehmung und ein Bilderbuch mit einfachen Abbildungen in die Beratung einbauen. Die Eltern hatten ihr Kind schon nach dem ersten Lebensjahr mit Bilderbüchern vertraut gemacht. Tatsächlich ist das Sprachverständnis des Mädchens seinem aktiven Wortschatz weit voraus: Es benennt keine der Abbildungen, aber zeigt richtig auf alle Gegenstände, einschließlich seiner Nase, Augen und Mund. Ich rate den Eltern, freudig mit dem Kind weiter zu kommunizieren, möglichst viele Rollenspiele einzubauen, einfache Bilderbücher mit Abbildungen und Aktionen – so oft das Kind es möchte – anzuschauen und den Artikel (der, die, das, den, dem) und das Verb-Ende (Ende des Tätigkeitswortes, z. B. läuft) etwas betont zu sprechen. Zur Sicherheit lade ich die Eltern bis zum dritten Geburtstag alle drei Monate zur Beratung wegen Sprachentwicklungs-Verzögerung ein. Die Sprachentwicklung kommt trotz intensiver Förderung der Eltern nur langsam in Gang. Da sich aber die Artikulation ohne Therapie verbessert, gebe ich den Eltern Mustersätze, d.h. einfache Aussagesätze, bis zum vierten Geburtstag mit auf den Weg. Es findet eine Kontrollsitzung nach dem vierten Geburtstag statt. Das Kind benötigt immer noch keine Sprachtherapie. Jetzt gebe ich den Eltern Mustersätze für Haupt- und Nebensätze mit auf den Weg. Eine Kontrollsitzung soll nach dem fünften Geburtstag erfolgen. Als es so weit ist, sagt mir die Mutter bei der telefonischen Terminvereinbarung: „Es liegt alles im grünen Bereich." Klar – ist mir ein Stein vom Herzen gefallen und ich habe mich sehr gefreut. Man sieht also: Die Eltern können ihr Kind auch nach schwerer Krankheit sehr viel selbst sprachlich fördern, wenn sie durch eine Sprachtherapeutin angeleitet und abgesichert werden.*

Vorsorge-Untersuchung U7: Was wird diesmal untersucht?

Das gibt es doch gar nicht: Ehe Sie sich versehen, ist an Ihrem Kind schon wieder die „TÜV-Plakette" abgelaufen. War das nicht erst vor kurzem? Tatsächlich ist die letzte Vorsorge, die U6, bereits wieder ein Jahr her. Ein Jahr, in dem sich unglaublich viel getan hat. Also ein guter Grund, dem Kinderarzt mal zu zeigen, was Ihr Kind inzwischen so drauf hat.

Die siebte Vorsorge-Untersuchung (U7) findet zwischen dem 21. und 24. Lebensmonat statt. Das Kleinkind kann nun sicher laufen und mit Unterstützung Treppenstufen hinaufsteigen. Ein Schwerpunkt dieser Untersuchung liegt auf den geistigen Fähigkeiten Ihres Kindes. Seine aktive Sprache und sein Sprachverständnis sind in der Regel so weit entwickelt, dass es einfache (2-Wort-) Sätze bilden, Fragen verstehen und auf Sie richtig reagieren kann. Im Sozialkontakt zu anderen versuchen sich Kinder dieses Alters durchzusetzen. Das beginnende „Trotzalter" kostet Sie manchmal Nerven. Ihr Kinderarzt wird Sie nach der Sauberkeits-Entwicklung und dem Spielverhalten Ihres Kindes fragen.

COACHING: FÄHIGKEITEN, DIE SIE BIS ZUM ENDE DES ZWEITEN LEBENSJAHRES FÖRDERN KÖNNEN

Es ist eine ganze Reihe von Fortschritten, die Ihr Kind jetzt mit Ihrer Hilfe bewältigt hat. Dazu gehören:

- Feste Nahrung kauen
- Tierlaute nachahmen
- Wörter mit m, b, p, t, d, n, l (und möglicherweise auch „f-w", das aber manchmal erst nach dem dritten Geburtstag) sprechen
- Einige Bezugspersonen mit Namen ansprechen (*„Mama, Papa"*)
- Zwei-Wort-Sätze benutzen (*„Papa da"*)
- Wenige Eigenschaftswörter verwenden (*„heiß"*)
- Wünsche, Absichten und Gefühle ausdrücken in Mimik, Gestik und Sprache
- Kleine Rollenspiele mit Puppen und Spieltieren vorführen

Sie haben Ihr Kind dabei liebevoll unterstützt und selbst vielleicht auch ein wenig dazugelernt: nämlich Geduld zu üben. Bravo.

KAPITEL 3: DAS WICHTIGSTE IN KÜRZE

▶ Bewegen, Wahrnehmen, Hören, Sehen, Fühlen und Nachahmen bahnen die weitere Sprachentwicklung Ihres Kindes.

▶ Viele Abläufe über den Tag können Sie in Spiele einbinden, sie mit Sprache begleiten und so das Angenehme mit dem Nützlichen verbinden.

▶ Nach der Schreiphase in den ersten Lebensmonaten ist nun die Trotzphase um den zweiten Geburtstag eine weitere Herausforderung an Ihr Nervenkostüm, die Sie heroisch bestehen werden.

▶ Kinderreime, Fingerspiele und Rhythmen werden von Ihrem Kleinen immer aufs Neue verlangt und so fröhlich seine zukünftige Satzbildung gefördert.

▶ Während das Sprache-Verstehen Ihres Kindes kontinuierlich zunimmt, verläuft seine aktive Sprache häufig in Sprüngen, zwischen denen es wenig Fortschritte zeigt.

SO FÖRDERN SIE DIE SPRACHENTWICKLUNG BIS ZUM DRITTEN GEBURTSTAG

In diesem Kapitel erfahren Sie, ...

- ▶ wie Ihr Kind jetzt aus Wörtern erste kleine Sätze bildet
- ▶ welche Funktion Platzhalter in der Sprachentwicklung haben
- ▶ wie Sie durch Sprachspiele den Lernprozess geschickt unterstützen
- ▶ warum Ihr Kind jetzt alles selbst machen will
- ▶ wofür Regeln und Rituale wichtig sind
- ▶ welche Spiele für dieses Alter zu empfehlen sind und was sie leisten können
- ▶ wann eine Beratung durch den Kinderarzt oder den Logopäden zu empfehlen ist

RATSCHEN, QUATSCHEN, TRATSCHEN

Auf dem langen Weg zur (fast) perfekten Sprache bis zum Schuleintritt liegt jetzt Ihr Augenmerk auf der Satzbildung und der Grammatik Ihres Kindes. Nutzen Sie dazu jede Gelegenheit, um kurze Gespräche zu führen, um zu plaudern über Dinge, die Ihr Kind aktuell bewegen.

Die 2 ½ jährige **Pia** *fährt für ihr Leben gern Eisenbahn. Besonders aufregend findet sie es, auf der Toilette „Pippi" zu machen und ihr Geschäft mit einem großen Wasserrauschen verschwinden zu lassen. Kurze Zeit später fährt der Vater mit ihr in der Straßenbahn. Das findet sie toll und es dauert nicht lange: „Pippi" verkündet sie laut und energisch während der Fahrt, so dass alle Fahrgäste den Kopf hindrehen. Dem Vater wird sichtlich heiß, aber er scheint nicht zu reagieren. „Pippi." Pause, dann: „Pippiiiiiiiii..." ruft das Kind noch eindringlicher. Die gegenüber sitzende ältere Dame guckt den Vater schon ganz streng an. Genervt steigt er mit seiner Tochter an der nächsten Haltestelle aus und geht mit ihr hinter ein parkendes Auto. „Hier kannst du „Pippi" machen." – Die Kleine schüttelt den Kopf: Nein, nicht hier. „Ei-Bahn Pippi ma-hen!".*

AKTIVE SPRACHE

Als Anhaltspunkte für die Fortschritte Ihres Kindes können Sie jetzt an guten Tagen feststellen, dass es schon Folgendes beherrscht und sich damit lautstark bemerkbar macht:
- Es bildet Zwei- bis Dreiwort-Sätze als Wunsch oder Feststellung.
- Es verwendet Namen und Haupt-, Tätigkeits- und Eigenschaftswörter.
- Es kann um Hilfe bitten, „Nein" sagen, Absichten und Gefühle ausdrücken.
- Es unterscheidet „meins" und „deins".
- Es fängt an zu zählen, Fragen zu stellen („Is 'n das?")

SPRACHVERSTÄNDNIS

Mit zwei Jahren, im dritten Lebensjahr, hat Ihr Kind schon einen großen passiven Wortschatz. Also viele Wörter, die es kennt und versteht, aber noch nicht selbst verwendet.

In der frühen Sprachentwicklung erweitern kleine Kinder ihren Wortschatz in einem stark unterschiedlichen Tempo. Manche Kinder vergrößern ihren Wortschatz in großen Sprüngen, andere in kleineren Sprüngen, und wieder andere ganz sanft und allmählich. Alle diese individuellen Wege sind – wie man heute weiß – gleich gut und führen langfristig zum gleichen Ergebnis. Es kann also etwa im Lebensalter zwischen einem Jahr und zweieinhalb Jahren zu sehr großen Abweichungen von der durchschnittlichen Sprachentwicklung kommen, die jedoch alle im Bereich der Normalität liegen.

So kann nach neuesten Forschungsergebnissen der Altersunterschied zwischen Kindern mit gleichem Sprachvermögen bis zu einem Lebensjahr betragen. Das heißt, dass ein eineinhalbjähriges und ein zweieinhalbjähriges Kind auf gleichem Sprachniveau sein können, ohne dass das ältere Kind deswegen spracherwerbsgestört ist. Damit haben Sie und wahrscheinlich viele befreundete Eltern einen Grund weniger, sich zu beunruhigen. Erzählen Sie es also ruhig weiter.

AUF WELCHE SCHWERPUNKTE SIE ACHTEN SOLLTEN

Im dritten Lebensjahr sollten Sie achten auf die
- Betonung der Artikel (der, die, das)
- Kasusformen der Artikel (den, dem)
- Beugung (bei Mehrzahlbildung, bei Tätigkeitswort)
- Adjektive (Eigenschaftswörter)
- Fürwörter (mein, dein, ...)
- ersten Präpositionen (in, auf, ...).

Sie können den Lernprozess aktiv unterstützen. Durch Sprachverständnis-Spiele (*„Lege den Bären in das Bett"*), durch Spiel und Bewegung wird das Sprechen geweckt und nicht durch die bekannte Aufforderung: *„Sag mal...".* Sieht Ihr Kind ein Auto und ruft: *„Da Auto.",* dann greifen Sie seine Äußerung auf und ergänzen das noch fehlende Wort: *„Ja, da ist ein Auto. Das Auto fährt. Das Auto ist rot."* Variieren Sie spielerisch in betonten Dreiwortblöcken: *„Das Auto fährt - in die Garage." „Gib mir viele Autos." „Gib dem*

Papa auch ein Auto." Worauf Ihr Kind vielleicht antwortet: *„Papa auch. Alle Auto.*" (womit es meint: *„Die Autos sind weg.*"). Oder es sagt: *„Das da.*" Der Gebrauch solcher *„kleinen"* Allzweckwörter ist sehr geschickt und kann für alles Mögliche stehen – besonders, wenn einem Kind das entsprechende Wort noch fehlt.

Mit zunehmender Reifung seines Gehirns setzt auch die weitere Sprachentwicklung als kontinuierlicher Lernprozess ein. Das geschieht durch Stimulation in Form sozialer und verbaler Interaktionen (Austauschprozesse). Triebfedern für den Spracherwerb sind neben der geistigen und gefühlsmäßigen Ansprechbarkeit vor allem die Neugierde und Nachahmung. Dadurch, dass Sie sich möglichst intensiv mit Ihrem Kind beschäftigen und eine große emotionale und sprachliche Aufgeschlossenheit entwickeln, leisten Sie die beste Frühförderung seiner Sprachentwicklung.

Mütter und Väter fixieren instinktiv die kindliche Aufmerksamkeit. Sie wecken die Neugierde, greifen kindliche Äußerungen zwecks Bestätigung und Verstärkung auf. Die ersten Bezugspersonen eines Kindes setzen so quasi ihre eigene „Sprachlehrstrategie" durch sensible Anpassungsleistungen an das kindliche Sprachentwicklungs-Niveau erfahrungsgemäß und intuitiv ein: Sie bekräftigen und erweitern kindliche Äußerungen im Spiel und Dialog bis hin zum Aufbau von Spielroutinen mit Benenn- und Aktionsspielen. Diese gemeinsame Entdeckung der kommunikativen Funktion der Sprache und die Schaffung einer so genannten Sprachbasis für Ihr Kind ist für Sie eine originäre, erfüllende Aufgabe, die tiefe Bindung schafft.

ALLE SIND GEFORDERT: SPIELEND WORTSCHATZ, SPRACHVERSTÄNDNIS, SATZBILDUNG UND GRAMMATIK ERWEITERN

Auch für Ihr Kind ist der Zwei-Wort-Satz die Basis für seine weitere Grammatik. *„Das da"*, oder *„Den da"* dienen vorübergehend noch als Platzhalter für fehlende Haupt- und Tätigkeitswörter. Der Gebrauch solcher „Kürzel" ist also taktisch eher geschickt. Je mehr Wörter die Kinder lernen, desto länger werden ihre Sätze. *„Tim, lass lie-den. Tim, lass dauf."* (= *„Tim, lass die Bauklötze liegen.*

Tim, lass die Bauklötze drauf.") Befehlssätze wie diese werden der Einfachheit halber oft verwendet.

Es folgen die Mehrzahl (Plural) und der Artikel der Hauptwörter (*„die Klötze"*, *„Hol den Ball"*), und die Beugung der Tätigkeitswörter (*„Tim isst."*). Sie erleichtern Ihrem Kind die Grammatik, wenn Sie bei noch fehlerhaftem Gebrauch die Wörter zerlegen, wie es die Kinder beim Schreiben lernen. (*„Die Bau-klötz-e"*, *„Tim bau-t"*)

Das Tätigkeitswort (Verb) ist – wie Sie bereits erfahren haben – der Ordner des ganzen Satzes. Ruft das Kind: *„Papa Haus bauen."* So antworten Sie: *„Ja, Papa bau - t - ein Haus."* Haupt- und Tätigkeitswort bilden immer einen Block, und dieser Block ordnet den Rest des Satzes. Einfache Aussagesätze sollte Ihr Kind vom dritten bis zum Ende des vierten Lebensjahres erworben haben. Fragesätze (*„Weint der?"*) und die Verneinung (*„Die passt nicht."*) ebenfalls.

Auch gegenüber dem Durchschnitt deutlich langsamere Kinder erreichen – wenn sie eine unauffällige Allgemeinentwicklung haben – in der Regel das gleiche Ziel wie die Schnelleren. Durch Sprachtherapie lässt sich dieser Prozess nicht beschleunigen, nur verteuern. Mit zunehmender Reifung des Gehirns setzt auch die Sprachentwicklung als kontinuierlicher Lernprozess automatisch ein, ausgelöst durch Stimulationen der kindlichen Umgebung und Kontakte.

BEWEGUNG UND WAHRNEHMUNG

Sein Bewegungsdrang ist jetzt enorm. Nichts macht Ihrem Kind mehr Spaß, als Ihnen zu zurufen: *„Fang mich!"* – und wenn Sie dann hinter ihm her rennen. Es klettert gern *„auf den Baum"* und geht schon allein ein paar Treppenstufen hinauf oder herunter *„Eins-Zwei-Drei-Vier"*). Gern überschlägt es dabei noch die *„Drei"*, weil dieses Zahlwort schwieriger auszusprechen ist. Es kann nun allerdings mit dem *„Drei"*rad fahren und entwickelt sein eigenes Ich-Bewusstsein. (*„Ich fahre."*).

Auch seine Fingerfertigkeit nimmt zu. Ihr Kind entdeckt seine Begeisterung für das Malen mit bunten Wachsmalstiften oder Filzstiften. Farben sprechen alle Kinder an, so dass das Benennen ihnen Spaß macht. Sie wissen auch genau, wen oder was sie da gerade malen (auch wenn Sie das anfangs – trotz großer Mühe - nicht spontan erkennen können). Fragen Sie doch einfach, welches Kunstwerk gerade entsteht. Ihr Interesse ist dem Kind enorm wichtig. Gerade Jungen wollen allerdings zunächst manchmal nicht malen. Sie können dann, wenn Sie möchten, ein bisschen nachhelfen: Malbilderbücher mit einfachen Tiergestalten zum farbigen Ausmalen ermutigen allmählich auch zögerliche Nachwuchskünstler, mit Ihrer Hilfe zum Wachsmalstift zu greifen und Karriere als kleiner Hausmaler zu machen. Besonders die Omas und Tanten werden entzückt sein.

SPIEL- UND BENIMMREGELN

„Selbermachen" beherrscht das Denken, Wollen und Tun Ihres Zweijährigen. Deshalb werden jetzt notwendige Regeln der Hygiene – wie Händewaschen oder Zähneputzen – eher spannend wahrgenommen als lästig. Vieles möchte Ihr Kind ganz selbständig machen, egal ob Sie ihm etwas zeigen, vormachen oder helfen wollen. Meist gelingen die Vorhaben mit einer kleinen Hilfestellung von Ihnen. Begleiten sie Ihren kleinen „Quirl" im Hintergrund, damit er selbständig Dinge erforschen und begreifen lernt.

Setzen Sie dabei Prioritäten: An den Kochherd oder Schreibtisch darf Ihr Kind nicht heran. Dafür darf es Salatblätter mit gewaschenen Fingern zerpflücken oder das Besteck aus der Spülmaschine anreichen oder in einer niedrigen Schublade einordnen. Den Schrank ausräumen, damit die Mama alles sichtet und mit ihrem Kind zusammen ordentlich wieder einräumt, das erweitert den Wortschatz und macht Ihr Kind zufrieden. Wichtig ist, dass Sie während einer solchen Aktion ständig mit Ihrem Kind sprechen und dabei alle Gegenstände benennen und alle Handlungen erläutern.

Unterstützen Sie das „*Alleineee!*"-Machen und Helfen-wollen Ihres Kindes. Ein Kind, das mit einer sinnvollen Tätigkeit beschäftigt ist, hat keine Zeit für etwas nervige „Dummheiten".

SEHEN, DENKEN, FÜHLEN

Geben Sie Ihrem Kind kleine Aufträge, die es schon behalten und richtig ausführen kann. „*Lege den Teller und den Löffel auf den Kindertisch. Lege die Malstifte und den Block in die Schublade.*" Auf diese Weise lernt es die so genannten Präpositionen „*auf*" und „*in*".

Ihr Kind braucht jetzt zu seiner Sicherheit ein aufwändiges Schlafritual vor dem Zubettgehen und beharrt auf der Einhaltung bestimmter Regeln. Liebgewonnene Gewohnheiten sollten, sofern sie Ihrem Kind nicht schaden, ruhig beibehalten werden. So möchte es vielleicht immer dasselbe Lied oder immer dieselbe Geschichte hören oder nur Nudeln essen. Es bekommt dann am besten häufig seine Nudeln, aber in Kombination mit anderen gesunden Sachen, wie seinem selbst gemachten Obstsalat. Auch die Stofftiere, die alle in einer bestimmten Reihenfolge sitzen müssen, bekommen rote Äpfel aus Knetgummi zu fressen. Ihr Kind kann Farben und Formen sicher zuordnen und im Rollenspiel mit Ihnen grammatikalische Formen anwenden, ohne dass sie bewusst geübt werden müssen.

Rituale und Rollenspiele fesseln die Aufmerksamkeit und Merkfähigkeit Ihres Kindes, entspannen es aber zugleich – und Sie als Eltern auch.

FÄCHER VOLLER MÖGLICHKEITEN: SPRACHSPIELE FÜR DAS DRITTE LEBENSJAHR

KAUFLADEN – DIE KRÄMERSEELE IM KIND

Am interessantesten wird es für Ihr Kind, wenn es Alltagssituationen (z.B. Einkaufen) nachspielt, dabei hantieren, zuordnen, an der Kasse Geld zählen und in natürlichen Sprachsituationen schon einen ernst gemeinten Dialog mit seinen Eltern führen kann. Hier kann es schon mitreden und fühlt sich als Gesprächspartner akzeptiert und ein bisschen „erwachsen". Auch sprachlich sehr zurückhaltende und motorisch unruhige Kinder stehen gern hinter dem „Verkaufs-Tresen" und geben dort gesprächsbereit dem Kunden einen Einkaufskorb. Sprachfloskeln wie „*Hallo!*", „*Guten Tag!*" (Meist noch „*Duten Tat*") fokussieren die Aufmerksamkeit des Kindes. Es guckt gespannt in das Gesicht des Käufers und erwartet seine Wünsche. Und Ihr Part dabei: Nutzen Sie die natürliche Nachahmungsfreude des Kindes, indem Sie ihm auch den passenden Fragesatz in den Mund legen: „*Was möchten Sie?*" und erst dann Ihren Kaufwunsch äußern. „*Ich möchte...*" Auf diese Weise erhält Ihr Kind schon einen Grundwortschatz und dazu Satzbausteine, auf denen es aufbauen und mit denen es erweitern kann. In der Zeitspanne zwischen zwei und drei Jahren lernt Ihr Kind nun Fragesätze, die „Ich-Form" und auch die Verneinung. Machen Sie sich auf was gefasst.

TELEFONIEREN – FAST WIE MAMA

Normales Telefonieren ist für Kinder in diesem Alter noch schwierig, weil sie den Gesprächspartner nicht sehen können und nicht wirklich kapieren, was da abgeht. Aber Telefonieren zu spielen – mit dem nötigen Blickkontakt – fällt vielen schon leichter, auch wenn Ihr Kind noch in Zwei- oder Dreiwortsätzen antwortet. Überdies wird dabei ganz nebenher sein Sprachverständnis weiter trainiert. Und wie hört sich das dann so an? Hören wir mal zu:

> *„Hallo Luc, Wie geht es Dir?"*
> *„Dut."*
> *„Wo ist denn der Papa?"*
> *„Papa saaft Sofa."* (Papa schläft auf dem Sofa)
> *„Du musst auch gleich schlafen."*
> *„Luc will nich."*
> Mutter verbessert: *„Ich will nicht."*
> *„Du auch nicht?"*

HANDPUPPENSPIELE – UND DIE TRAUMWELT LEBT

Die Lust am Erfinden von Geschichten, die für Ihr Kind ja noch Wirklichkeit sind, ist entwicklungsbedingt begründet und stellt schon hohe Anforderungen an seine intellektuellen Fähigkeiten. Anspruchsvoll sind auch Märchen, die in Teilen nachgespielt werden – z. B. die Szene, wie der Prinz Dornröschen mit einem Kuss erweckt, oder wie die Prinzessin voller Angst die Tür zuschlägt, weil der Froschkönig in das Schloss möchte. Die geistige Vorstellungskraft (Imagination) Ihres Kindes von Dingen und Handlungen ist die Voraussetzung für solche Gestaltungsspiele.

Wie können Sie das fördern? Zunächst sollten Sie als Eltern Spiele mit Handpuppen vorführen, bevor Ihr Kind seine eigene Rolle spielen und die nötigen Ideen entwickeln kann. Handpuppenspiele helfen Ihrem Kind, seine eigenen Gefühle in Worte zu fassen. Wenn es wütend oder aggressiv wird, darf der Kasper schon mal das Krokodil verhauen. Ihr Kind lernt dadurch nicht nur neue Wörter (*„wütend"*, *„böse"*, *„Das Kro-ko-dil weint."* *„Es rennt weg."*), sondern bekommt auch seine Gefühle besser in den Griff. Eventuell noch bestehende sprachhemmende Verhaltensweisen – wie extreme Schüchternheit – werden allmählich abgebaut, während die Kommunikations- und Sprechfreude dagegen zunimmt.

SUCHSPIEL – GENAU HINGUCKEN IST GEFRAGT

Ihr Kind braucht die stetige „Ansprache" durch die Eltern – aber bitte Phantasievoll in immer neuen Varianten. Zeigen Sie auf alles, worüber Sie gerade sprechen. Ihr Kind lernt so wesentlich leichter, welche Wörter zu den bezeichneten Gegenständen gehören. Außerdem kann es dabei herumrennen, was ja seinem natürlichen Bewegungsdrang entspricht.

Vieles kommt nicht aus der Mode: Sagen Sie „heiß", wenn das Kleine dem gesuchten Gegenstand schon ganz nahe ist und „kalt", wenn es sich davon entfernt. Verstecken Sie Verlockendes wie Spielsachen oder Kekse, auch im Garten oder auf einem Spaziergang (und merken Sie sich, wo!). Klar, dass auch Ihr Kind etwas verstecken darf, was Sie dann suchen müssen. Geben Sie sich keine Blöße; das können Sie auch. Fragen Sie ruhig einmal: „Wo war das Auto denn gestern versteckt?". Wenn Ihr Kind Sie dann mitleidig anschaut („Erste Gedächtnislücken...?"), haben Sie gerade den ersten Minuspunkt kassiert.

So werden spielerisch die kindlichen Zeitvorstellungen von „gestern" und „heute" und damit die ersten Vergangenheitsformen gelernt. Je intensiver Sie sich mit Ihrem Kind beschäftigen können, desto besser sind seine Entwicklungsbedingungen – auf der Basis guter Anlagen, die Sie ihm ja in die Wiege gelegt haben: Minuspunkt wieder gutgemacht.

KLAPPBILDERBÜCHER – VIEL LIEBE ZUM DETAIL

Illustrierte Märchen, in denen es immer wieder um das Gute, das Böse und die Gerechtigkeit geht, können auch schon kleine Kinder nachvollziehen. Klappbilderbücher entschärfen, verkürzen und vereinfachen die Märchen für die Jüngsten und lassen beim langsamen Aufklappen faszinierende Motive aufstehen, die sich auch noch bewegen lassen. Die Klappbilderbücher wirken dadurch lebensecht und ziehen das Kind in ihren Bann. Das Kind genießt es, auf Mamas Schoß zu sitzen und einzelne Bilder zu bewegen, während sie vorliest. Es sind entspannende Minuten für Mutter, Vater und ihr Kind, in denen es unmerklich sein Sprachverständnis und seinen Wortschatz erweitert. Viele Kinder wollen immer wieder dieselbe Geschichte in gleicher Weise hören. Auch das ist eine Entwicklungsphase, die vorüber geht. Machen Sie das Erzählen und Vorlesen zu einem alltäglichen Ritual. Ihr Kind wird sich noch, wenn es einmal erwachsen sein wird, daran zurück erinnern – und vielleicht diese liebe Gepflogenheit irgendwann an Ihr Enkelkind weitergeben.

KINDERREIME UND FINGERSPIELE? MAL DIE OMA FRAGEN

Trotz aller modernen Fortschritte besinnen wir uns zum Glück gelegentlich auf Altbewährtes. Dinge, die in der letzten Generation schon in Vergessenheit geraten waren und nun wieder eine Neuauflage erfahren – zum Beispiel in Form lustiger Bilderbuch-Illustrationen. Kennen Sie noch Kinderreime und Fingerspiele?

Wir erinnern uns: Omas haben mit ihren Kindern noch Abzählverse geübt – ohne zu wissen, wie „wissenschaftlich" (unter heutigen Gesichtspunkten) sie mit ihren Kindern gearbeitet haben: Spielerisch gefördert wurden dadurch grammatikalische Regelmäßigkeiten (Zeitrhythmus), Regelhaftigkeiten (Regeln der Sprache), wie Satzbau, sprachliche Feinheiten und das Heraushören klangähnlicher Laute und der Satzmelodie. Heute besinnen sich die Autoren von Vorschulprogrammen zurück auf Kinderreime und Fingerspiele. So wird bei der in wenigen Jahren anstehenden Schulanmeldung Ihres Kindes das Sinnverständnis für die Frage *„Was reimt sich auf... Tanne?"* abgefragt und als bekannt vorausgesetzt. Also: Früh reimt sich, wer ein Meister werden will. Aber das ist falsches Deutsch und bleibt deshalb besser unter uns.

FARBSPIELE – DIE AUSWAHL VOR DEM MATSCHEN

Sie schätzen sich als leistungsorientiert ein? Sie haben dieses Buch gekauft, um jede Chance für Ihr Kind zu nutzen? Bei allem bewundernswerten Elan: Beeinflussen Sie die natürliche Kreativität Ihres Kindes nicht durch zu viel Förderung. Lassen Sie ihm Zeit und Ruhe zum Malen und Matschen. Greifen Sie nur ein, wenn es eine neue Malanregung, Ermunterung oder Ihre Aufmerksamkeit braucht.

Bieten Sie ihm eine bunte Palette von Wachsmalfarben, Filzstiften oder Fingerfarben an. Es soll ruhig die Farbe benennen, die Sie ihm geben. Auf Ihre Frage: *„Was hast du denn gemalt?"* berichten Kinder meist sehr genau, wen oder was sie gemalt haben. Nicht nur die Kreativität des Kindes wird dadurch angeregt, sondern auch die Sichtweise der Erwachsenen verändert. Wenn Sie mal beobachten: Erste Formen wie Kreise oder Kreuze sind erkennbar. Auch die Feinmotorik wird reifer. Hat Ihr Kind den Stift zuvor immer wie einen Besen gehalten, wird es jetzt mehr die Fingerspitzen benutzen.

Mädchen preschen da gern etwas vor. Manche Jungen hingegen wollen erst mit fünf Jahren malen, weil bei ihnen die Koordination von Auge und Hand noch nicht ausreichend entwickelt ist. Ihr Junge will lieber mit dem Papa bauen und basteln? Dann basteln Sie gemeinsam mit ihm – nicht nur, um auf diesem Wege seine Koordination (von optischer Wahrnehmung und Motorik der Hand) zu schulen, sondern schlicht als willkommener Gesprächsanlass und gemeinsamer Spaß. Vielleicht entdecken Sie ja auch ganz neue Qualitäten an sich.

BASTELN – WAS HAT DER PAPA SO DRAUF?

Intelligenz und Auffassungsgabe Ihres Kindes, aber auch Zuwendung und Förderung durch die Eltern sind die wesentlichen Faktoren des Spracherwerbs. Die fortschreitende Entwicklung des kindlichen Denkens lässt sich bereits an seinem kreativen Umgang mit Materialien erkennen, so beispielsweise beim Kneten. Jede Handlung wird von ihm kommentiert: *„Da, ein Porb.“* (Korb).*„Da drüne rein.“*(meint *„Da kommen grüne Eier rein.“*).

Manche Jungen, seltener die Mädchen, schweigen lange in sich hinein. Kein Problem: Jede Form von Basteln schafft günstige Bedingungen für die sprachliche Kommunikation und das unbewusste Einüben grammatikalischer Formen. So werden nicht nur Wurst, Brot und Käse geformt und für die Oma in den Korb gelegt. Der Korb selbst wird zu einer Garage umgebaut, in die ein kleines Auto *„reinfährt“*.

Präpositionen wie *„in“* oder *„auf“* und der Artikel (*„der, die, das“*) werden immer wieder aufs Neue gehört, was sich positiv auf die Merkfähigkeit Ihres Kindes auswirkt. Wenn der Papa dann etwas klebt oder hämmert, wollen Kinder zwischen zwei und drei Jahren gern helfen. Aus dem *„Selber-tun“* – aus dem eigenen Tätigwerden – entwickelt sich nahezu mühelos das gebeugte Tätigkeitswort als der „Ordner“ des Satzbaus. So gilt auch schon bei den Kleinen: „Learning by doing“ (Lernen durch Ausprobieren).

Seifenblasen – keiner kann´s feiner

Es wird selbst Ihnen etwas Geduld abfordern, bunt schillernde Seifenblasen sanft aus dem Blasring zu pusten. Und es stellt auch an Ihre Mundmotorik und an das Gaumensegel große Anforderungen. Lassen Sie es Ihr Kind ruhig ausprobieren. Es wird wahrscheinlich einen viel größeren Ehrgeiz als Sie entwickeln und dann – wenn es endlich gelingt – fasziniert dem fortschwebenden schillernden „Ball" nachschauen. Das ist die ersehnte Belohnung für seine Ausdauer.

Das ist übrigens ein sehr schönes Beispiel dafür, dass Ihr Kind früh den Zusammenhang zwischen Anstrengung und Erfolg lernen kann. Selbst gemachte Erfahrungen sind immer wichtiger als häufiges oder ständiges Korrigieren durch die Eltern. Und im konkreten Fall der Seifenblasen trainiert jeder Versuch seine Lippenspannung und damit den Lippenschluss als präventiven Faktor (Vorbeugung) gegen eine verwaschene, „nuschelige" Aussprache.

Rollenspiele – der Film im Kopf

Garantiert findet sich auch in Ihrem Haushalt alles an „Spielzeug", was ein Kind für sein Rollenspiel braucht. Das können ein Plastikteller und ein Löffel sein, um das Puppenbaby oder den Teddy zu füttern; Töpfe und Rührlöffel, um mit Wasser und Erbsen eine »Soupe du Chef« zu kochen; Hut, Schal und Tasche, um sich als Tante Sabine zu verkleiden.

Sie sind eingeladen: Bieten Sie Ihrem Kind Ideen an, indem Sie (ausreichend robuste) Gegenstände in sein Blickfeld rücken und das neue Rollenspiel zunächst vorgeben. Auch Puppen und Tiere machen mit: Wenn die Puppe Maja krank ist, bekommt sie ein Pflaster und einen Schal um den Hals. Hat sie Fieber, so muss man bei ihr Fieber messen. Hat sie Durst, muss sie Tee trinken – und danach natürlich „pullern". Ganz wie im echten Leben.

Mit Steinen, Wasser und Sand baut Ihr Kind eine „Burg", d. h. einen Berg, den es mit der Schaufel festklopft. Wenn die steht, wird der kleine Bäcker aktiv und backt mit Kuchenförmchen schöne Torten. Sie wollen wissen, warum? Nun, der König feiert nämlich Hochzeit: *„Er hat die Prinzessin so lieb."* Im Zusammenhang lernt Ihr Kind solche kurzen Aussagesätze zu verstehen – auch für Begriffe, die man nicht anfassen kann. Es weiß jetzt, was gemeint ist, wenn der König die Prinzessin so lieb hat. Und warum die Großen gern Hochzeit feiern.

Die Schaffung immer neuer, interessanter Gesprächs-Situationen im Rollenspiel und Dialog führt Ihr Kind zum aktiven Sprachgebrauch. Es geht jetzt von sich aus intensiver auf seinen Gesprächspartner ein. In diesen realistischen Rollenspielen spricht es mehr und unbefangener. Es schwimmt sich sozusagen frei – in der Sprache.

WAS SO ALLES NORMAL IST: VARIANTEN DER SPRACHENTWICKLUNG

Gerade im zweiten und im dritten Lebensjahr verläuft die normale Entwicklung der Sprache beim Vergleich verschiedener Kinder sehr unterschiedlich. Diese natürliche Variabilität (Verschiedenartigkeit) macht eine objektive Erfassung eventueller Sprachdefizite in diesem Lebensalter durch Tests unmöglich – was einige Experten trotzdem nicht daran hindert, solche Tests für Zweijährige anzubieten.

Also zeigen Sie sich ruhig kritisch und selbstbewusst: Es gibt heutzutage eine Tendenz, Dinge unnötig zu „verwissenschaftlichen", um sie vergleichbar und in Zahlen gemessen auswertbar zu machen. Der dadurch erhobene Anspruch auf Objektivität wird dabei allerdings der Realität nicht gerecht. Das Resultat ist im Bereich der Sprachentwicklung oft eine erhebliche Beunruhigung der ganzen Familie. Die unbeschwerte Kommunikation der Eltern mit ihrem Kind kann darunter leiden oder wird sogar unmöglich gemacht.

Was sollten Sie sich merken? Die beste Sprachförderung durch die Eltern ist nach Ansicht namhafter Sprachentwicklungs-Forscher immer noch, mit dem Kind fröhlich zu spielen, zu schmusen und zu sprechen. In diesem Alter bestehen noch fließende Übergänge zwischen normalen und auffälligen Sprachentwicklungs-Prozessen. Der namhafte Schweizer Entwicklungsexperte und Neuropädiater *Remo Largo* stellt dazu fest: *„Das eine Kind spricht die ersten Wörter gegen Ende des ersten Lebensjahres, die meisten Kinder mit 15 bis 24 Lebensmonaten, und bei einigen lassen die ersten Wörter bis Mitte des dritten Lebensjahres auf sich warten. Es gibt kein Verhalten, das bei allen Kindern im gleichen Alter auftritt und gleich ausgeprägt wäre."*

Was sagt uns das? Von einzelnen Hinweisen (Variablen), wie dem Zeitpunkt der ersten Einwort- und Zweiwortsätze Ihres Kindes, kann nicht auf seine gesamte spätere Sprachentwicklung geschlossen werden. Diese Erkenntnis von Sprachentwicklungs-Forscher *Manfred Grohnfeldt,* finde ich in meiner Praxis seit über 30 Jahren immer wieder bestätigt. So gibt erfahrungsgemäß das Auszählen der bereits gesprochenen Wörter im zweiten und dritten Lebensjahr keinen Hinweis darauf, was Ihr Kind am Ende der Sprachentwicklung leisten kann.

Kinder unterscheiden sich allgemein sehr stark in der Schnelligkeit ihres Spracherwerbs. „Sprache lernen" ist eine Fähigkeit, die sich prinzipiell immer herausbildet – nur bei dem einen Kind sehr früh (bereits nach dem ersten Lebensjahr), bei dem anderen sehr spät (d. h. im oder nach Vollendung des dritten Lebensjahres). *„Wie beim Wortschatz ist das auch bei der Grammatik kein Grund zur Beunruhigung. Es gilt auch hier, dass Vielfalt und Unterschiedlichkeit normal in der Sprachentwicklung sind. Während Jasmin mit zweieinhalb Jahren gerade mal anfängt, überwiegend in Zweiwortsätzen zu sprechen, redet Jan schon in längeren Sätzen. Aber knapp ein Jahr später ist das alles vergessen. Beide Kinder sprechen in längeren Sätzen."* stellte die Forscherin *Gisela Szagun* im Jahr 2007 fest. Fazit der international bekannten Sprachentwicklungs-Psychologin: *„Was ist normal bei der Entwicklung der Grammatik? Bis zum Alter von dreieinhalb bis vier Jahren holen die langsameren Kinder auf."*

Trotzdem – welche Voraussetzungen sollten gegeben sein? Ihr Kind muss empfänglich für Sprache sein. Neben seiner geistigen Bereitschaft (Zugänglichkeit und Auffassungsgabe) sind seine spontane Emotionalität, Neugierde und Nachahmung die entscheidenden Triebfedern für den Spracherwerb. Der Grad Ihrer Beschäftigung mit Ihrem Kind und die gefühlsmäßige und sprachliche Zuwendung der Bezugspersonen (Familienmitglieder, ErzieherInnen im Hort usw.) sind die beste Frühförderung für die Sprachentwicklung.

Und welches sind für Sie als Eltern Ihre kleinen aber wichtigen Aufgaben dabei? Sie begleiten Ihr Kind auf dem ganzen Weg, wenn es schon sehr früh die kommunikative Funktion der Sprache entdeckt, wenn Sie gemeinsam eine so genannte „Sprachbasis" erster Wörter entwickeln, bis zur weiteren Vervollkommnung der Alltagssprache zum Schuleintritt. Für verunsicherte oder beunruhigte Eltern kann eine gezielte Anleitung zu sprachförderlichem Verhalten durch einen erfahrenen Sprachtherapeuten zwischen dem zweiten und dritten Lebensjahr ihres Kindes zusätzlich sehr hilfreich sein.

STOLPERSTEINE:
RISIKEN DER SPRACHENTWICKLUNG
IM DRITTEN LEBENSJAHR

Auch wenn zweifelhafte Ratschläge gelegentlich anders lauten – Fakt ist: Erstmals im Alter von drei Jahren kann die Sprache von Kindern sicher und zuverlässig diagnostiziert werden. Und erst dann kann man frühestens eine Sprachentwicklungs-Störung feststellen – was aber nicht heißt, dass unbedingt eine Behandlung erforderlich sein wird.

Ich erlebe immer wieder, dass ab diesem Zeitpunkt die ganz normale Sprachentwicklung eines Kindes etwas verspätet in Gang kommt und dann manchmal auch in Sprüngen verläuft. Das passiert oft, wenn die Eltern von Geburt an mit ihrem Kind gespielt und gesprochen haben, sein Sprachverständnis durch das Ausführen kleiner Aufgaben geschult wurde und der Kinderarzt oder der HNO-Arzt keine Ursachen (z. B. Hörstörung) dafür gefunden haben.

Auch wenn die in Deutschland gern zitierte Sprachentwicklungs-Psychologin *Hannelore Grimm* fordert, dass ein Kind *„einen Schwellenwert von 50 produktiven Wörtern zwischen 18 und 24 Monaten erreichen muss, da es sonst ein beträchtliches Risiko mit gravierenden Folgen für die weitere kognitive und psychosoziale Entwicklung trägt"*, zeigt die Praxis immer wieder, dass so genannte „späte Sprecher", deren Sprechbeginn nach dem zweiten oder dritten Geburtstag lag, trotzdem in der Regel aufholen und später weiterführende Schulen besuchen.

Die Pädaudiologin und Sprachexpertin *Uta Kottmann* setzt die Normbreite (also was normal ist) zwischen dem 21. und 24. Lebensmonat bei 10 bis 50 Wörtern an, die das Kind beherrschen sollte – wobei bekanntlich das Sprachverständnis dem aktiven Wortschatz weit voraus ist. Diese Angaben mögen der Orientierung und Beruhigung von Eltern dienen, die das Zählen des Wortschatzes ihres Kindes absolut nicht unterlassen möchten.

Bei Kindern, die im Alter von zwei bis drei Jahren noch gar nicht oder nur kaum sprechen, ist in dieser Altersspanne zur Absicherung eine umfangreiche Untersuchung des Gehörs und eine neurologische Abklärung zu empfehlen. Um den passiven Sprachstand (das Sprachverständnis) festzustellen, muss dabei auf außersprachliche Faktoren zurückgegriffen werden. Das sind Reaktionen des Kindes, die nur indirekt mit Sprache zu tun haben. Die Fähigkeit eines Kindes zum Symbolspiel („So tun als ob" mit Essen kochen, Kaufladen, Eisenbahn und Puppenstube) gibt uns entscheidende Hinweise auf seine zu erwartende sprachliche Entwicklung. Zeigt das Kind ausreichendes Sprachverständnis (zum Beispiel auf die Aufforderung *„Lege den Kochlöffel in den Topf."*), dann kann ich im Zusammenhang die vorsichtige Prognose stellen, dass das Sprechen und die sprachliche Kommunikation in nächster Zeit einsetzen müssen.

Der dreijährige **Tim** *kommt in meine Praxis, weil er angeblich „bockig" ist und nicht spricht. Er macht nicht, was man ihm sagt, versteckt sich bei mir hinter dem Schrank und geht auf kein Spielangebot ein. „Nein." ist seine einzige Antwort. Die Mutter trägt ihn unter lautem Protestgeschrei auf ihren Sessel zurück. Er will nicht auf ihren Schoß, sondern in sein Versteck zurück. Jetzt kann ich einen Blick in seine Augen und in seinen „trotzigen" Gesichtsausdruck werfen. Das Gesicht kommt mir irgendwie bekannt vor, sein schwieriges Verhalten ebenso und der Familienname auch.*

Als er wieder in seinem Versteck verschwindet, beobachtet er uns. Ich spiele mit der Mutter das „Klingelspiel", bei dem eine Klingel und ein Blinklicht auf Knopfdruck angehen, wenn eine Farbe als richtig erkannt wird. Klingel und Blinklicht locken den Jungen. Ich dränge ihn nicht zum Nachsprechen. Trotzdem: Er findet und hört die richtige Farbbenennung – und schweigt weiter. Er bekommt aber ein Bonbon zum Abschied.

Die Schwierigkeit, ihn zu motivieren, erinnert mich abends dann endlich an den dazu passenden Fall, die „harte Nuss, die es zu knacken galt" – gleich am Anfang meiner therapeutischen Arbeit. Auf meine Nachfrage bei der Mutter am nächsten Tag wird klar: Es war sein Vater Oliver! Nach genau 28 Jahren zeigen sich wieder das gleiche Erscheinungsbild und die gleichen Verhaltensauffälligkeiten bei seinem Sohn Tim. Auf meine spontane Frage, welchen Beruf ihr Mann denn jetzt ausübe, antwortet die junge, ziemlich verzweifelte Mutter: „Informatiker".

Von da ab kann ich viel ruhiger und gelassener mit dem „schwierigen" kleinen Tim umgehen, der sich viele Monate lang erst einmal bei jeder neuen Aufgabe verweigert, allmählich immer öfter Zutrauen in seine Fähigkeiten bekommt und auf Aufforderung auch ab und zu mitmacht, also „kommuniziert". Mit der Mutter bespreche ich den Plan für einen systematischen Sprachaufbau und ein Verhaltenstraining. Nach der Ausschlussdiagnostik des Kinderarztes und des pädaudiologischen Zentrums handelt es sich bei Tim um einen „familiären Sprachschwä-

chetypus" (ein anlagebedingtes sprachliches Verarbeitungsdefizit mit psychoreaktiven Verhaltensauffälligkeiten). Zur Aktivierung des Wortschatzes und zum systematischen Satzaufbau bekommt der Junge bis zum vierten Geburtstag insgesamt zehn Therapiesitzungen, wobei sich die Mutter gern als Co-Therapeutin einarbeiten lässt und zu Hause zwischen den Sitzungen fleißig weiter mit Tim übt.

Bei der Vorsorge-Untersuchung U 8 zeigt sich bei Tim noch eine Aussprachestörung der Laute „Sch, K-G und R", die nach dem fünften Geburtstag in nochmals zehn Therapiesitzungen korrigiert und dann als korrekte Lautbildung in Geschichten und Nacherzählungen von ihm automatisiert werden. Vom Charakter ändert er sich nicht: Der „schwierige" kleine Junge protestiert oder verweigert sich häufig. Ich zeige ihm aber immer, was er schon wieder gelernt hat. Dann beruhigt er sich und macht weiter mit. Und nur dann bekommt er seine geliebten Gummibärchen. Ich habe ihn auch einmal ohne Belohnung gehen lassen, was er mit lautem Protestgeschrei quittierte. „Ein Vorschulkind muss auch einmal eine Aufgabe zu Ende führen" – so habe ich es ihm erklärt. Dieses konsequente Verhalten hat die geduldige Mutter dann auch zu Hause eingehalten. Als Schulvorbereitung und zum Abbau von Verweigerung – auch von Sprachverweigerung – hat Tim dieses Vorgehen sehr genutzt.

Ein Vielredner wird der Junge nicht. Der Schulstart verläuft aber ohne Probleme, auch die Erledigung seiner Schulaufgaben. So hat der kleine „Trotzkopf" immer noch viel Zeit zum Toben und Spielen als wichtigen Ausgleich. Tim hat also als „später Sprecher" – genauso wie sein Papa – alles aufgeholt und entwickelt sich sehr schön weiter. Ob ich seine Kinder einmal auch in die Praxis bekommen werde?

Wenn Kinder ungefähr zum erwarteten Zeitpunkt zwischen dem ersten und zweiten Lebensjahr nicht zu sprechen beginnen, oder wenn Eltern feststellen, dass ihr Kind nicht so gut spricht wie andere im gleichen Alter, sind ihre Sorgen groß. Aussprache, Wortschatz, Satzbildung und Grammatik können in Einzelfällen sogar so weit hinter den Fähigkeiten von Gleichaltrigen zurückgeblieben sein, dass die Kinder diesen Rückstand ohne fremde Hilfe nicht aufholen können. Kennzeichnend dafür sind als Faustregel: Ein für das Alter zu geringer Wortschatz, eingeschränkte Verständlichkeit der Äußerungen und zu kurze Äußerungslänge für das Lebensalter, z. B. wenn das Kind mit 36 Monaten nur Ein- bis Zweiwortäußerungen beherrscht.

Gern berate ich die Eltern in solchen Fällen bereits nach dem zweiten Geburtstag ihres Kindes. Falls trotz erhöhtem spielerisch-kommunikativem Angebot und optimalen Anregungsbedingungen der Spracherwerb sehr langsam verläuft, beginne ich – nach Rücksprache mit dem Kinder- und Hals-Nasen-Ohrenarzt – nach dem dritten Geburtstag mit der Sprachtherapie.

Welche Stolpersteine beim Spracherwerb können noch im Weg sein? Neben eingeschränkter sprachlicher Speicherkapazität, Verweigerung, Ängstlichkeit, mangelhaft ausgeprägtem Erkundungs- und Nachahmungstrieb des Kindes behindert auch ein unsägliches „Kulturgut" die kindliche Sprachentwicklung: der „Schnuller" oder „Beruhigungssauger". Nur Frühgeborene brauchen ihn infolge ihrer Unreife gelegentlich bis zu drei Jahre lang. Reifgeborene (Geburt mindestens 37 Wochen nach Beginn der letzten Regel) hingegen brauchen schon nach dem Ende der ersten Lallperiode – wenn also nach sieben Monaten die Saugphase beendet ist – keinen Schnuller mehr, auch nicht als Einschlafhilfe.

Warum ist das wichtig? Der Schnuller führt zu einer schlaffen Mundmotorik (Beweglichkeit) mit offenem Mund, zu Lispeln und anderen Zischlautstörungen, zu undeutlicher, verwaschener Aussprache, zu Kiefer-Zahnfehlstellungen, und er behindert zudem als Mundverschluss die Kommunikation. Wenn Sie sich nun zu dem heroischen Schritt „Kein Schnuller mehr" entschlossen haben – ein kleiner Tipp: Die Entwöhnungsphase bei Zwei- bis Dreijährigen dauert drei unruhige Nächte, die Sie in Ihrem Urlaub einplanen sollten. Danach gibt es die große Belohnung – für alle!

Und was machen Sie bei mangelhaftem Lippenschluss Ihres Kindes? Geben Sie ihm beim Vorlesen eine kleine Backoblate auf die leicht gefetteten Lippen, die es dann mit den Lippen festhalten muss – bis die Oblate durchgeweicht ist und aufgegessen wird. Wenn das schon klappt, kann Ihr Kind auch einen kleinen Schluck Wasser im Mund so lange wie möglich halten und erst später herunterschlucken. Das erfordert zunächst eine Menge Zuwendung und vielleicht machen Sie erst einmal vor, wie es geht. Danach gewinnt der von Ihnen beiden, der länger kann. Lassen Sie Ihr Kind ruhig mal gewinnen, aber nicht immer. Sonst wird es zu schnell langweilig.

Sollten Sie wegen mangelnden Fortschritts dennoch eine Behandlung erwägen, bedenken Sie bitte: Eine richtige Therapie kann erst greifen, wenn das zentrale Nervensystem Ihres Kindes soweit ausgereift ist, dass es Sprache speichern und immer feinere und differenziertere Bewegungen steuern kann.

*Als **Jan** mit drei Jahren in den Kindergarten kommt, spricht er noch kein Wort. Der Kinderarzt schickte den Jungen bereits mit zwei Jahren in ein Pädaudiologisches Institut zur so genannten Ausschlussdiagnostik, und jetzt noch einmal mit drei Jahren. Im anfänglichen Anamnesegespräch geben die Eltern an, dass Jan bis zum dritten Lebensjahr häufig krank gewesen sei und sein Gehör erst jetzt stabil sei. Allerdings dränge die Erzieherin im Kindergarten die Mutter, dass unbedingt etwas getan werden müsse. Die HNO-Ärztin verordnet daraufhin zehn Therapiesitzungen und im Anschluss daran noch einmal zehn Sitzungen. Die behandelnde Logopädin arbeitet nach einem bestimmten Übungsprogramm, in dem sie Abbildungen mit Einzahl- und Mehrzahlbildung und Nachsprechübungen mit zunehmendem Schwierigkeitsgrad in der Satzbildung benutzt. Auch die Mutter soll diese Sätze zu Hause mit dem Kind nachsprechen.*

Das Kind macht dieses Vorgehen zunächst mit, bis die Mutter bei ihm eine zunehmende Erschöpfung und Lustlosigkeit bemerkt. Erzieherin und Sprachtherapeutin drängen allerdings auf Fortsetzung der Sprachtherapie. Der Kinderarzt empfiehlt eine Therapiepause mit weiteren häuslichen sprachlichen Anregungen und zur Absicherung der Mutter das Einholen einer Zweitmeinung. Jan wird daraufhin in meiner Praxis vorgestellt. Ich empfange ein sehr freundliches Kind, das beim Rollenspiel am Kaufladen mit der Mutter gut agiert, aber allenfalls Drei-Wort-Sätze, die ihm die Mutter vorspricht, echoartig wiederholt – zum Beispiel „Ich möchte Kakao".

Jan interessiert sich sehr für bunte Klapp-Bilder-Märchenbücher, die er bewegen kann und zu denen er seine knappen Bemerkungen abgibt. Der Bauernhof aus Holzteilen mit all den Haustieren, um die er Zäune und Ställe bauen darf, bereitet ihm sichtlich Vergnügen und entlockt ihm einzelne Wörter, aus denen ich dann kurze Sätze forme. Mein Ziel ist dabei ein systematischer Satzaufbau mit Betonung des Verbs (Tätigkeitswortes) und ersten Präpositionen (in, an, auf, hinter, neben, ...). Für den Fall, dass Therapiemüdigkeit auftritt, empfehle ich der Mutter, selbst zu Hause genau so systematisch, aber mit Spiel und Spaß den Wortschatz und Satzaufbau ihres Sohnes in die Hand zu nehmen – begleitet durch therapeutische Anleitung.

Nach einem halben Jahr erscheinen die Eltern wieder. Der Junge hat Fortschritte gemacht. Die Erzieherin aber sagt, er sei noch weit zurück. Nun heißt es, Nerven zu behalten. Die Aussprache des Kleinen ist im Allgemeinen gut, Wortschatz und Satzbildung noch nicht seinem Alter entsprechend. Ich schreibe den Eltern erweiterte Mustersätze auf, die im Alltag, beim Spielen, Basteln und Anschauen von

Bilderbüchern eingesetzt werden sollen. Nach der Vorsorge-Untersuchung U8 ist erneut eine Vorstellung fällig.

Jetzt kann Jan schon zu den Märchenbildern von „Der Wolf und den sieben Geiß-lein" eine Geschichte (unterstützt durch meine Zwischenfragen) erzählen. Der Kin-derarzt stellt bei der U8 keine auffälligen sprachlichen Entwicklungsdefizite mehr fest. Ich schreibe den Eltern Haupt- und Nebensatzformen auf, die sie ihm ab jetzt anbieten sollen – bis zu seinem fünften Geburtstag.

Kurz nach dem fünften Geburtstag ruft der Vater an, dass nun auch die Erziehe-rin mit Jan zufrieden ist. Trotzdem will er seinen Sohn wieder vorstellen, damit ich ihnen Tipps zur Schulvorbereitung gebe – und auch, um selbst zu sehen und zu bestätigen, wie gut er schon spricht. Danach geht es mit der Sprachentwicklung von Jan stetig aufwärts.

VORSORGE-UNTERSUCHUNG U7A: WAS WIRD DIESMAL UNTERSUCHT?

Schwerpunkte dieser neuen Vorsorge beim Kinderarzt (33.- 36. Lebens-monat) sind die Früherkennung und Behandlung allergischer Erkran-kungen, von Sozialisations- und Verhaltensstörungen, Übergewicht, Spra-chentwicklungs-Störungen und Zahn-, Mund- und Kieferanomalien.

Der Kinder- und Jugendarzt berät Sie im Rahmen dieses „Kindergarten-checks" auch darüber, ob Ihr Kind schon reif für den Kindergartenbesuch ist. Sie können anhand eines Fragebogens ankreuzen, was und wie Ihr Kind schon sprechen kann und werden dann erfahren, wo Ihr Kind im Altersvergleich von seiner Entwicklung her steht. Diese Vorsorge-Unter-suchung gehört seit Juli 2008 zum normalen Umfang der gesetzlichen Vorsorge-Untersuchungen und wird von allen gesetzlichen Krankenkas-sen bezahlt.

COACHING: FÄHIGKEITEN, DIE SIE BIS ZUM ENDE DES DRITTEN LEBENSJAHRES FÖRDERN KÖNNEN

Spätestens zum Ende des dritten Lebensjahres sollten die folgenden Fähigkeiten beherrscht werden (u. a. nach dem anerkannten „Grenzsteinprinzip" des Tübinger Neuropädiaters *Richard Michaelis*):

- **Körpermotorik:** Ihr Kind kann mit beiden Beinen von der untersten Treppenstufe herunterhüpfen und dann sicher auf beiden Füßen landen.
- **Mundmotorik:** Der Lippenschluss und die Nasenatmung sollten vorhanden sein. Eine Ausnahme kann bei Erkältungskrankheiten bestehen.
- **Handmotorik:** Kleinere Objekte kann Ihr Kind jetzt präzise mit den vordersten Fingerteilen greifen und an anderer Stelle wieder auf- oder einsetzen.
- **Denken:** So genannte „Kopffüßer" (Männchen mit Armen und Beinen direkt am Kopf) werden gezeichnet. Beim Malen wird noch wenig gestaltet und auf Feinheiten geachtet, doch das Gemalte wird passend kommentiert. Ihr Kind liebt intensive Rollenspiele und „Als-ob-Spiele" (Nachspielen von realen Alltagssituationen wie Kochen).
- **Sozialverhalten:** Das Kind hilft im Rahmen seiner Möglichkeiten gern den Eltern, Großeltern oder anderen Bezugspersonen. Die Tätigkeiten der Erwachsenen werden dabei nachgeahmt. Mit etwa gleichaltrigen Kindern wird über mindestens fünf Minuten gemeinsam gespielt. Dabei wird geredet, Spielzeug oder andere Gegenstände ausgetauscht. Es wird jedoch noch nicht zusammen ein gemeinsames Ziel verfolgt.

Für die Sprache gilt zur Orientierung: Ihr Kind sollte am Ende des dritten Lebensjahres in der Lage sein,

- Tätigkeitswörter zu benutzen, wie z. B. „schlafen", „essen", „trinken", „spielen", „laufen"
- Fürwörter wie „mein" und „dein", „ich" und „du" zu benutzen
- Geschlechtswörter zu gebrauchen, wie „der", „die", „das", „ein", „eine" usw.
- Präpositionen wie „in", „auf" zu verwenden

- die ersten Fragen zu stellen, z. B. „*Is 'n das?*"
- Selbstgespräche und Gespräche mit Puppen und Tieren zu führen
- Mehrwortsätze (Drei- bis Vierwortsätze) zu benutzen, die jedoch vom Satzbau noch fehlerhaft sein dürfen
- gemeinsam Bilderbücher zu betrachten und zu erkennen, was im Bilderbuch geschieht und dieses zu benennen (z. B. „*Das Auto fährt.*" „*Das Kind läuft.*")

In diesem Alter hört Ihr Kind gern Kinderreime und möchte sie oft wiederholt haben. Mit der nötigen Geduld und Liebe schaffen Sie selbstverständlich auch diese etwas Ausdauer erfordernde Aufgabe.

Sie haben Ihr Kind bei all den hinter Ihnen liegenden kleinen Schritten „fachmännisch" unterstützt. So sind Sie wieder ein großes Stück weiter gekommen und können zufrieden sein mit sich und Ihrem kleinen „Wirbelwind".

Kapitel 4: Das Wichtigste in Kürze

▶ Bei Kindern im Alter von zwei-einhalb Jahren kann der Unterschied in der normalen Sprachentwicklung bis zu einem Jahr betragen, ohne dass eine Störung vorliegt.

▶ Regeln und Rituale geben dem Kind die nötige Sicherheit, aus der heraus es seine Möglichkeiten und Fertigkeiten weiter entwickelt.

▶ Besonders viel Spaß macht es Ihrem Kind, wenn es in Rollenspielen ernst genommen wird wie ein Erwachsener – es möchte ja gern schon groß sein.

▶ Kinderreime, Fingerspiele und Abzählverse sind heute wieder sehr beliebt, weil sie nach modernen Erkenntnissen wichtige Fähigkeiten auf lustige Weise einüben helfen.

▶ Sie unterstützen die Fingerfertigkeit und auch den Spracherwerb, wenn Sie Ihr Kind schon möglichst viel selbständig machen lassen.

▶ Eigene Erfahrungen zu machen, ist wichtiger für Ihr Kind als das Korrigieren, Verbessern und das „Besser wissen" der Erwachsenen.

So fördern Sie die Sprachentwicklung bis zum vierten Geburtstag

In diesem Kapitel erfahren Sie, ...

- ▶ welche Fehler in dem Alter noch normal sind
- ▶ wie Sie die Aufmerksamkeit und Merkfähigkeit Ihres Kindes erhöhen
- ▶ was Ihr Kind mit vier Jahren schon sprechen kann
- ▶ wie Sie seinen Nachahmungstrieb nutzen können
- ▶ wie Bewegung und Sinneserfahrung die sprachliche Intelligenz steigern
- ▶ welche Sprachspiele mit vier Jahren der Hit sind
- ▶ welche frühen Hinweise auf eine Sprachentwicklungs-Verzögerung es gibt
- ▶ was Sie bis zum vierten Geburtstag sprachlich fördern können

DIE ERSTEN DISKUSSIONEN

AKTIVE SPRACHE

Kinder sehen die Welt mit Kinderaugen. Sie finden vieles gut, was wir nicht gut finden. Ihr Kleines wird immer mehr zum „Ich", das sehr anstrengend sein kann. *„Ich will aber Pommes."* – gut und schön, aber doch nicht dreimal am Tag. Sie müssen natürlich nicht alles hinnehmen und erlauben. Ihr Kind ist vernünftigen Argumenten durchaus zugänglich und kann einfachen Erklärungen von Ihnen folgen. Rücken Sie im konkreten Fall andere Lebensmittel in sein Blickfeld und kochen Sie gemeinsam beispielsweise Nudeln, wenn es sie mag. Alle Kinder kochen gern.

Auch beim Lernen von Liedern und Aufzählreimen, die den Kindern so großen Spaß machen, spielt Ihr Kind vielleicht etwas anderes, als Sie es sich vorstellen. Zum Beispiel, wenn es dem Text eines Kinderreimes nicht folgt. Anstatt *„Es tanzt ein Bi- Ba- Butzemann"* zu singen und sich im Kreis zu drehen, hüpft es auf der Stelle und singt nur *„Bi-Ba-Butzemann."* Ist doch auch schön – zunächst mal. Deuten Sie sein Verhalten nicht vorschnell mit: *„Mein Kind kann nicht zuhören, es ist dumm oder es hat ‚eine lange Leitung'."* Vielleicht hat es nur eine eigene Vorstellung von diesem Spiel. Früher hätte man dann gesagt: *„Es ist eigensinnig."* Heute nennt man das kreativ.

Es ist von Vorteil, wenn Ihr Kind frühzeitig Zuhören lernt. Das bedeutet, dass es seine Aufmerksamkeit fixieren kann. Beim Geschichtenvorlesen und Erzählen erweitern Sie vorläufig die Aufmerksamkeits-Spanne auf bis zu zehn Minuten. Wichtig ist, dass es Fragen stellen und bei Abbildungen auch verweilen kann.

Und was hat Ihr Nachwuchs jetzt schon so alles drauf? Nicht gerade wenig, mit einigen ganz normalen Holpersteinchen und altersbedingten Schwierigkeiten: Ihr Kind

- sagt seinen Vor- und Familiennamen – so geht es nicht verloren.
- gebraucht das Wort „Ich" – manchmal etwas zu oft für Ihren Geschmack.
- wiederholt kurze „Geschichten" und Erlebnisse – auch das, was keiner wissen soll.
- erfindet gelegentlich Wortneuschöpfungen – Aktuelles aus dem Kreativladen.
- kommt in sein zweites Fragealter – haben Sie noch Baldrian?

- erreicht den ersten Höhepunkt der Wissbegierde: *„wer?"* – *„wo?"* – *„wann?"* – *„warum?"* – und Sie werden zum Auskunftsbüro.
- singt und kennt Lieder, Reime, Singspiele – nicht nur *„Lala"* mitsingen. Ab jetzt müssen Sie sich anstrengen.
- zeigt gelegentlich Silben- und Wortwiederholungen – beruhigend, dass es fast jeden einmal trifft.
- gebraucht ab dem vierten Geburtstag Nebensätze – also jetzt mal ausreden lassen.
- kann einzelne Laute oft noch unvollkommen bilden, lispelt beispielsweise oder ersetzt T durch K oder D durch G in *„Tinderdarten"* – und es darf trotzdem dahin.

SPRACHVERSTÄNDNIS

Aufgepasst, die kleinen Ohren bekommen ab jetzt alles mit. Auch die Dinge, die nicht für sie bestimmt sind.

Und was Ihr Kind nicht schon alles versteht. Es
- hört einer Geschichte zu
- befolgt einen Doppelauftrag (*„Geh bitte mal in die Küche und hole den Zucker."*)
- legt etwas „auf" oder „unter" (z. B. den Tisch)
- beantwortet einfache Fragen wie *„Was musst du tun, wenn du Hunger hast?"* oder *„Was musst du tun, wenn dir kalt ist?"*
- zeigt auf *„Alles, was fährt"*, d. h. es verallgemeinert, abstrahiert

AUF DIESE SCHWERPUNKTE SOLLTEN SIE ACHTEN

Klar – es gibt immer wieder Probleme mit „dem" Dativ, und manche hassen auch „den" Akkusativ. Der dritte Fall („mit dem Ball") und der vierte Fall („gib mir den Ball") sind selbst für Erwachsene je nach Bildungsstand und sprachlichem Ehrgeiz gelegentliche Hürden. Umso besser, wenn Ihr Kind beizeiten ein Gefühl dafür entwickelt.

Aber es hat ja jetzt noch viel mehr, was es lernen muss. Dazu gehören die Vergangenheitsformen (*„Gestern war ich ..."* oder *„Ich bin bei der Oma gewe-*

sen.") und das so genannte Formverständnis (*„der Ball - die Bälle"*, *„Ein schöner Ball."*). Gut, dass Kinder viel besser und schneller als Erwachsene lernen.

---

*Die vierjährige **Ina** verwechselt ständig „mir" und „mich".*
Ina: „Gib mich mal die Puppe."
Die Mutter verbessert geduldig: „Nein. Mir bitte!"
Ina ist erstaunt: „Was? Dich auch?"

Zwischen dem zweiten und vierten Geburtstag werden die Sätze länger. Ihr Kind lernt, die Mehrzahl zu bilden und im dritten Lebensjahr das Tätigkeitswort (Verb) zu beugen (z. B.: *„Ina isst. - Alle essen."*). Im vierten Lebensjahr kommen die Vergangenheitsformen dazu: *„Ich war bei Oma."* oder *„Is habe deesst."* und auch die Unterscheidung zwischen Dativ und Akkusativ.

Das alles geht natürlich nicht reibungslos: Es finden sich Fehler in der Mehrzahlbildung (*„Tellers"*), ebenso Verwechselungen zwischen Dativ (*„Die Ente schwimmt in dem kalten Wasser."*) und Akkusativ (*„Die Ente watschelt in das kalte Wasser."*) und Fehler der Vergangenheitsformen bis ins Schulalter hinein. Auch wenn zu diesem Zeitpunkt noch grammatikalische Fehler und Lautbildungsfehler auftreten, wird Ihr Kind von Fremden schon verstanden.

Das Tätigkeitswort ist „der Ordner des Satzbaus". Das Haupt- und das Tätigkeitswort sprechen die Eltern am besten zusammen als einen betonten Block: *„Die Ente frisst - das Gras."* Etwas rhythmisch betontes Sprechen erleichtert Ihrem Kind das Behalten korrekter Satzmuster. Lieder und lustige Verse mit ihrem einfachen, gleich bleibenden Rhythmus verbessern ebenfalls Aufmerksamkeit und Merkfähigkeit, sogar für unregelmäßige Verbformen, wie der Spielvers: *„Eine kleine Dickmadam, fuhr mal - mit der Eisenbahn. Dickmadam, die lachte. Eisenbahn, die krachte."*

Kinder ahmen gern nach, was Erwachsene sagen, einige schon sehr früh mit nur acht Monaten, andere erst spät mit drei Jahren. Je mehr sauber Ausgesprochenes von Ihnen beim Kind ankommt, umso mehr kann bei ihm „hängen bleiben". Ganz nebenbei hört Ihr Kleines so von Ihnen immer wieder die korrekten Präpositionen (*„in, an, auf, unter, über, vor, hinter, ..."*) und die richtigen sprachlichen Formen. Verbessern Sie es daher freundlich, aber fordern Sie es nicht einfach zum Nachsprechen auf. Das mag es nicht.

Bauen Sie eine hübsche Spielsituation auf, wie beispielsweise einen Bauernhof, und lassen Sie den Hahn über den Zaun fliegen und fragen dabei: *„Was hat der Hahn gerade gemacht?"* Fordern Sie Ihr Kind auf, die Dinge beim Namen zu nennen. Also nicht: *„Der fliegt da rüber."* Sondern besser: *„Der Hahn ist über den Zaun geflogen."* Betonen Sie ruhig nochmal die Hauptwörter, die Ihr Kind ausgelassen hat. Manchmal spricht es dann von sich aus den Satz nach. Das kleine Köpfchen ist wieder mal auf Empfang geschaltet.

Die Vorstellung, dass Kinder papageienhaft alles nachahmen, ist allerdings falsch. Sie ahmen grammatische Formen meistens dann nach, wenn sie schon etwas von der Formbildung begriffen haben, aber eben noch nicht alles. Daher sollte Ihr Kind bestimmte Begriffe und einfache Satzmuster häufig im Alltag hören und sie in verschiedenen Zusammenhängen erfahren.

An dieser Stelle wird wieder besonders deutlich: Kinder brauchen soziale Kontakte und den Dialog, wenn sie sprechen lernen sollen. Neugierig, wie sie sind, wollen sie überall dabei sein und mitreden natürlich auch – ganz wie die Alten.

---

*Der vierjährige Nachbarjunge **Jonas** schaut mir interessiert beim Treppeputzen zu. Dann kommt der Briefträger an die Haustür. Ich begrüße ihn und frage ihn: „Ist etwas für mich dabei?" – Jetzt mischt sich der kleine Jonas ein: „Ach, sind ja doch nur Rechnungen."*

Ständig in Bewegung: Spielend Wortschatz, Sprachverständnis, Satzbildung und Grammatik erweitern

Bewegung, Feinmotorik, Wahrnehmung

Ein Vierjähriges ist ständig in Bewegung. Es ist von Natur aus neugierig, erkundet mit Vorliebe Haus und Garten (*„...geht an alles dran, kann nicht still sitzen, rennt einfach los."*). Es hat aber auch individuelle Vorlieben und Bedürfnisse.

Die Kleinen interessieren sich oftmals mehr für Papas Handwerkskiste als zum Beispiel für Musik – oder vorschulischen Englischunterricht. Oder sie wollen lieber in Haus und Garten kleine Arbeiten selbständig erledigen und dafür von den Eltern gelobt werden.

Bildungsbeflissene Eltern vertrauen darauf, dass „das Gehirn nie wieder so aufnahmefähig ist wie in den ersten Lebensjahren" – was sie natürlich gern nutzen und nach Kräften fördern wollen. Eine weitere immer noch sehr verbreitete These besagt, dass bestimmte Lernschritte in festen „Zeitfenstern" erfolgen. Und genau diese Annahme ist bereits widerlegt.

Ein Beispiel: Auch mit zwölf Lebensjahren können wir eine Fremdsprache noch akzentfrei lernen, insbesondere dann, wenn wir eine Zeit im Ausland leben und dadurch hoch motiviert sind, die Landessprache richtig zu lernen. Es gilt also weiterhin, dass durch ausreichend motivierende Anreize die Nervenzellen des Gehirns trainiert werden, Informationen zu speichern, d. h. zu lernen.

Dieses Lernen und die ganze Sprach- und Intelligenzentwicklung funktionieren jedoch nicht mit theoretischem Lernstoff, zu dem ein Vierjähriges keinen Bezug haben kann. Wird das dennoch versucht, also das arme „Trichterkind" quasi von außen mit Wissen aufgefüllt, dann vergisst es das kurzzeitig Gelernte ganz schnell wieder. Es erfolgt kaum ein Zuwachs seiner Wissensbasis.

Entscheidend für alle Fördermaßnahmen hingegen ist, dass sie von Ihrem Kind mit Lust und Konzentration aufgenommen werden. Gemeinsam bauen, basteln, schwatzen und Lieder singen gehören ebenso dazu wie Spiele und später der Sport. Für die Intelligenzentwicklung sind feste Stundenpläne und ungeeigneter Lehrstoff – wie beispielsweise das in der Logopädie leider immer noch so beliebte Abarbeiten von Wortbildkarten zur Wortschatzerweiterung – kaum nützlich. Genau so verliert das Kind schnell seine natürliche Neugier, seine Lust mitzumachen – und es reagiert auf Lerndruck mit Bauchschmerzen.

Dagegen steigern ausreichend Bewegungs- und Sinneserfahrungen – wie Klettern oder Stöcke, Pflanzen, Steine, Schneckenhäuschen sammeln oder im Sand matschen, bauen und dann im Gespräch mit den Eltern das Erlebte noch einmal wiedergeben – die sprachliche Intelligenzentwicklung. Auch das gemeinsame Erzählen der Geschichten aus Bilderbüchern hat diesen positiven Effekt, wenn das Wetter einmal gar zu grau ist.

Ausreichend Zeit fürs Spielen und Sprechen mit den Gleichaltrigen, gemeinsame Zeit mit der Familie und das sinnliche Begreifen prägen die kindliche Intelligenz entscheidender als das schulische Lernen bereits im Vorschulalter.

Nichts ist einem positiven Schulstart und dem weiteren Schulerfolg abträglicher als die programmierte Lustlosigkeit des Kindes. Schenken Sie Ihrem Kind seine kleine kurze Kindheit − und zügeln sie in diesem Alter notfalls ein wenig Ihren eigenen Ehrgeiz.

SOZIALE KOMPETENZ

Was Sie jetzt beobachten können: Ihr Kind ist von sich aus initiativ und wählerisch bei der Auswahl seiner Gesprächspartner. Eltern, Großeltern und Geschwister sind naturgemäß die ersten Ansprechpartner, um seine Wünsche und Interessen zu äußern. Oft ist zu beobachten, dass ältere Geschwister schon auf den „kleinen Fingerzeig" des Jüngsten reagieren.

Besser für dessen sprachliche Entwicklung ist es allerdings, sich ihm gegenüber etwas zögerlicher zu verhalten. Damit wird sich das Kleine angewöhnen, einen kompletten Wunschsatz (wie: *„Ich möchte..."*) zu sprechen. Zur Belohnung bekommt es dann seinen Wunsch erfüllt, sofern der im Rahmen bleibt und vernünftig ist.

Durch Ihr Angebot zum Gespräch miteinander, auch über ein anregungsreiches Spiel (z. B. Würfelspiel), wird schon ein vierjähriges Kind zu einem ernstzunehmenden Gesprächspartner. Klar, dass in dem Alter der Spaß im Vordergrund stehen muss. Aber ganz nebenbei werden auch schon Dinge wie Regelverständnis, Ausdauer, das „Verlierenkönnen", Sozial- und Kommunikationsverhalten und erstes Zahlenverständnis (bis vier zählen) geübt.

TIPP:

Lassen Sie Ihr Kind einen Kreis, ein Viereck und Dreieck ausschneiden und die Ecken zählen. Mit dickeren Stiften kann es Malbücher mit einer fortlaufenden Geschichte ausmalen und erzählt Ihnen dann den dargestellten Ablauf, begleitet von Ihren gezielten Fragen (*„Was macht die Maus?"*). Fragen Sie auch viel *„Warum ...?"*, damit Ihr Kind Haupt- und Nebensätze sprechen lernt. *„Warum frisst die Maus so viel Käse?"* - Antwort: *„...weil sie Hunger hat."* Oder: *„Weil so die Löcher in den Käse kommen."*

> Wenn Sie Ihrem Kind vorlesen oder Geschichten erzählen, achten Sie auf unterschiedliche Stimmlagen. Durch dieses „Modulieren" erleichtern Sie ihm das aufmerksame Zuhören. Zuhören ist nämlich ein wichtiges Element seiner neu erworbenen „sozialen Kompetenz".

Wenn Ihr Kind sich jetzt eine Viertelstunde lang auf eine Mal- oder Bastelarbeit oder ein Spiel konzentrieren kann, mit anderen Kindern aus dem Bekanntenkreis spielt, sich selbst Anorak und Schuhe an- und auszieht und sich (rechtzeitig) meldet, wenn es auf die Toilette muss, dann ist es kindergartenreif und zeigt das, was wir „soziale Kompetenz" nennen. Die Fähigkeit, alltägliche Dinge allein und selbständig zu meistern, verschafft ihm Sicherheit. Geschicklichkeit und Sprechsicherheit lernt es also durch Übung und Erfolgserlebnisse. Speziell die Sprechsicherheit ist eine wichtige Voraussetzung für das folgende Erzählen im Stuhlkreis und Kommunizieren mit anderen Kindergartenkindern. Soziale und sprachliche Kompetenz hängen eng zusammen und werden durch den Kindergarten zusätzlich gefördert. Wundern Sie sich also nicht, wenn Ihr Kind nun jeden Tag mit etwas Neuem ankommt.

SEHEN, DENKEN, FÜHLEN

Das Kind erklärt, was es spielt oder was es da gerade malt. Es fragt viel und oft: *„Wer, wo, wann, warum?"* und lernt durch sein Spielen, Basteln und Bücher anschauen das, was die Erwachsenen grammatikalische Formen nennen. Ein älteres Foto entlockt ihm z. B.: *„Und warum wein´ ich hier?"*.
Ich habe in meiner Praxis sehr viele Kinder, die solche präzisen Fragen erst nach dem vierten Geburtstag stellen. Die Entwicklung von Haupt- und Nebensätzen erst nach dem vierten Geburtstag ist vollkommen ausreichend für den späteren Schulerfolg. Verbessern Sie freundlich Ihr Kind bei falscher Mehrzahlbildung oder wenn die Vergangenheitsformen noch nicht stimmen: *„Ich habe deesst* (gegessen)."
Sie können ganz gelassen bleiben, wenn es den „K-G"-Laut noch nicht spricht, oder erst kurz vor Schulbeginn beherrscht. Bei guter Intelligenz können auch sprachliche Spätstarter einige Jahre darauf erfolgreich das Gymnasium besuchen. Fördern Sie seinen Wortschatz und die Satzbildung dadurch, dass Sie

Tätigkeiten auf Bildern oder auch erste Gegensatzpaare wie „groß – klein, dick – dünn" benennen. Lassen Sie ein Häuschen mit viereckigen Fenstern malen, die Farben benennen und verwenden Sie dabei auch die Begriffe „Viereck", „Dreieck" und „Kreis". Ihr Kind fängt jetzt an zu zählen und kann auf Ihre Bitte drei Klötze abgeben und allmählich abstrakte Begriffe wie „das Viereck" behalten und zeigen.

Die langsam gelernte Grammatik fördert das logische Denken Ihres Kindes. In der Kindesentwicklung sind Denken, Gedächtnis, Handeln und Sprechen als Verknüpfungsprozesse eng miteinander verbunden. Indem ein Kind lernt, dass es für bestimmte Gegenstände, Gefühle und Handlungen jeweils eigene Namen und Symbole gibt, entstehen im Gehirn erste Denkvorgänge, und es werden Bilder und Zusammenhänge zunächst im Kurzzeitgedächtnis und nach einiger Zeit mit Wiederholungen im Langzeitgedächtnis abgespeichert. Dank dieser Gedächtnisspuren (Engramme) kann sich das Kind nun jederzeit erinnern.

Was folgern wir daraus? Eltern sollen viele Geschichten vorlesen und Märchen kindgerecht erzählen. So entwickelt sich die Vorstellungskraft und Merkfähigkeit ihres Kindes. Kleinere Kinder lieben Wiederholungen und immer gleiche Abläufe, bis in ihrem Gehirn ein Platz dafür reserviert ist. So wird festes Sprachwissen gespeichert und mit neuen Erfahrungen laufend verknüpft.

Die Vielfältigkeit der kindlichen Erlebnisse und Erfahrungen vor der Schulzeit steigert die Lernfähigkeit generell. Selbst überlegen und ausprobieren – beispielsweise beim Musizieren, Puzzeln, Werkeln, Bauen und Matschen, Sortieren (*„Versuch es mal, wie könnte das gehen?"*) – wirken anregend auf Sprechen und Denken. Vielleicht abgesehen vom Matschen gilt das übrigens auch für Erwachsene – also machen Sie ruhig ab und zu mal mit.

Entwicklung individueller Interessen

Von eigenständig zu eigensinnig ist es an manchen Tagen nur ein kleiner Schritt. Schaffen Sie Anreize, aber drängen Sie Ihrem Kind nichts auf. Will es nicht puzzeln oder malen, sondern lieber matschen und bauen und sich viel bewegen, verschafft sich Ihr Kind auf diese Weise selbst seine sinnlichen Anreize, die dann auch seine generelle Lernfähigkeit beanspruchen.

Gerade Jungen mögen zunächst nicht malen, aber greifen oft im letzten Jahr vor der Schule bereitwillig zum Stift. Dann ermutigen Sie ihn, weiterzumachen, auch wenn das gemalte Männlein noch lange nicht wirklich schön ist. Genau so, wie das Sprechen sich im Zuge der Entwicklung verbessert, weil das Nervensystem immer feinere und differenziertere Bewegungen steuern kann, wirkt sich das auch auf die Steuerung der Auge-Hand-Koordination aus.

Solange Ihr Junge sich aber weigert, zu malen, lassen Sie ihn basteln und bauen. Mit Ihrem Einfühlungsvermögen spüren Sie, wofür sich Ihr Kind interessiert und was ihm Spaß macht. Alle Kinder sind von Natur aus neugierig und probieren gern etwas Neues aus. Ermuntern Sie Ihr Kind, eine Sache zu Ende zu machen. Und finden Sie heraus, ob hinter einer offensichtlichen Neigung vielleicht eine Begabung steckt.

SCHON ANSPRUCHSVOLLER: SPRACHSPIELE FÜR DAS VIERTE LEBENSJAHR

PUPPENSTUBE – BELIEBT NICHT NUR BEI MÄDCHEN

Kinder spielen gern Alltagssituationen nach. Eine Puppenstube mit Vater, Mutter, Kind und Baby, mit Oma, Opa und einem Hund bildet eine überschaubare Welt im Kleinformat. Rollenspiele aller Art, also alles, was Ihr Kind schon einmal erlebt hat, kann es hier wieder aufleben lassen und im Gespräch mit Ihnen nachspielen und versprachlichen: Mittagessen kochen, baden, zu Bett gehen ebenso wie den Arztbesuch mit Piekser und Pflaster.

Einen Dialog erfinden stellt schon gewisse Ansprüche an Sprache und Denken. Damit Ihr Kind bei kleinen Schwierigkeiten nicht gleich aufgibt, sollten Sie mit vielen gezielten Zwischenfragen das Gespräch lenken. Schulen Sie auch das Sprachverständnis Ihres Kindes: *„Hole die Tassen von dem Regal und stelle sie auf den Tisch.“* Ist die Behaltensspanne noch verkürzt, reduzieren Sie den Satz: *„Stelle die Tassen – auf den Tisch.“* Unterstützen Sie die Präposition „auf“ mit einer Handgeste. Jüngere Kinder haben generell noch eine kürzere Aufmerksamkeitsspanne. Sie brauchen deshalb mehr Anregungen und die laufende Zuwendung des Erwachsenen.

Gegen Ende des dritten Lebensjahres spielen Kinder ihre Rollenspiele auch schon allein und sprechen Dialoge mit sich selbst. So wie Oma und Opa manchmal Selbstgespräche führen. Deshalb verstehen die sich so gut miteinander.

SICH VERKLEIDEN – GROSSE BÜHNE IM ALLTAG

Kinder versetzen sich gern in eine Traumwelt mit Ritter, Prinzessin oder anderen Märchenfiguren in einer fortlaufenden Geschichte. Schleier, alte Kleider, Hüte und Taschen unterstützen die kindliche Phantasie. Wenn andere, besonders größere Kinder, mitspielen, ist dieses Sprachspiel für die Jüngeren spannend und bringt sie zu immer neuen Einfällen. So beschäftigen sich auch die Größeren gern mit den Kleineren, die der Prinzessin den Schleier tragen müssen.

Kinder, die noch nicht viel sprechen wollen, können Tierstimmen oder andere Geräusche (z. B. die Turmuhr) nachmachen. Besonders bewegungsfreudige Kinder kämpfen gern mit Stöcken nach fairen Regeln, um die Prinzessin aus dem Schlossturm (Pappkarton) zu befreien. Einfallsreiche Kinder erfinden ständig neue Geschichten und reißen die anderen mit. So entsteht aus Versatzstücken bekannter Märchen mit Begeisterung ein neues Epos.

Nach dem guten Ende des Befreiungskampfes wird zur Beruhigung der erhitzten Gemüter ein Lied gesungen oder von den Großen ein Reim erfunden, den die Kleinen gern nachplappern. Ein Sechsjähriges singt: „Nach der großen Sause gehen wir nach Hause." „Hause!" greift der Dreijährige auf. Ein anderer Dreijähriger, der nach langer Zeit des „in sich Hineinschweigens" den Reimsingsang hört: „Der König Gomez isst gern Pommes." hat seitdem sein neues Lieblingswort gefunden: „Pommes!". Er verkauft von nun an nur noch „Pommes" im Kaufladen, „kocht" nur „Pommes" und isst solange imaginäre „Pommes" zum Frühstück, bis die Erzieherin die erstaunte Mutter doch mal nach den seltsamen Rede- und Essgewohnheiten ihres Sohnes fragt.

GESELLSCHAFTSSPIELE – WENN ES FÜR DIE ELTERN ENG WIRD

Bei einfachen Gesellschaftsspielen, wie Bilderlotto, Memory und Würfelspielen, kann ein fast Vierjähriger schon ein ernstzunehmender Gegner werden. Aber eins hat er noch nicht gelernt: zu verlieren. Deshalb sollten Sie ihn anfangs viel gewinnen lassen, bis er es dann auch einmal tapfer erträgt zu verlieren. Aber bitte nur einmal: Spannung und Spaß stehen schließlich im Vordergrund. Nebenbei lernt Ihr Kind durch Übung und Wiederholung die Regeln zu verstehen: die Spielregeln, das Zahlenverständnis (zunächst bis vier) und das „Kommunikations- und Sozialverhalten" der Großen – also schlicht, wie man sich benimmt. Und wundern Sie sich nicht: Beim Memoryspiel sind manche Kinder so geschickt, dass sie ihre schon leicht ermüdeten Eltern locker schlagen.

Eltern betrachten Gesellschaftsspiele häufig auch als Förderspiele. Wenn andere Kinder besser als ihres sprechen und spielen können, geraten sie unter Druck, bei ihrem Kind etwas versäumt zu haben. Die Folge kann sein, dass sie fortan zu viel des Guten tun: Sie „beüben" ihr Kind so lange, bis es irgendwann die Freude am Spiel verliert.

Das Spiel darf also auf keinen Fall zu einem Übungsprogramm entarten, sonst entsteht schnell Widerstand und Lernblockade. Beeinflussen Sie die Kreativität Ihres Kindes nicht durch zu viel gut gemeinte „Förderung". Weniger ist dann eher mehr. Und wenn die Kasse mal knapp ist – auch kein Problem: Alltagsgegenstände sind im Kleinkindalter für das Sprechenlernen viel interessanter als teures Spielzeug.

MALSTIFTE – RÄUMLICHE VORSTELLUNGSKRAFT TRIFFT AUF INNERES ERLEBEN

Förderung der Feinmotorik beim Malen ist auch gleichzeitig Förderung des räumlichen Denkens und der Sprache. Spielerisch lernt Ihr Kind Farb- und Formverständnis, wie die Farben für die Blumen auf der Wiese und das rote Dreieck als Dach des Hauses. Die Fenster haben vier Ecken, also ein Viereck. Der blaue Ball ist ein runder Kreis.

Die Kinder wissen in diesem Alter sehr genau, was sie malen, auch wenn die Erwachsenen noch nicht alles sofort erkennen. Kinder treibt es dazu, zu malen und zu kommentieren, was sie bewegt und was sie schön finden – sofern sie etwas Beeindruckendes erleben. Das kann ein Besuch im Zirkus, im Zoo, im Aquarium oder Freizeitpark sein. Malen und Kommentieren dient Ihrem Kind nicht nur zu seiner sprachlichen Weiterentwicklung, sondern auch zur Verarbeitung von Konflikten und zum Ausdruck von Gefühlen wie Angst, Aggression und Geborgenheit. Und es hat gern, wenn Sie ihm und dem Bild Aufmerksamkeit schenken, das Motiv erkennen und loben, wenn ein „Exponat" besonders gelungen ist. Wenn Sie dem kleinen Künstler noch helfen es zu signieren, dann fehlt nicht viel – und er platzt vor Freude.

Baukästen – Reisen auf Märchenschlösser und Ritterburgen

Versuchen Sie, wann immer es geht, mit der Familie gemeinsam zu basteln. Für ein Kind gibt es nichts Faszinierenderes, als mit den Eltern und Geschwistern gemeinsam eine Ritterburg aus vorgefertigten Teilen (Legosteinen oder Playmobil) zu basteln, die dann im Wohnzimmer zur allgemeinen Bewunderung aufgestellt wird. So ein Schloss führt sie mühelos zu sprachlichen Phantasiereisen ins Land der Märchen und Geschichten. In diesen schönen Stunden wird besonders deutlich, wie eng Emotionalität und Sprachentwicklung miteinander zusammenhängen.

Wenn Ihr Kind größer und später einmal erwachsen sein wird, kann es sich an gebaute Knusperhäuser mit Hänsel und Gretel, der bösen Hexe, mit Lebkuchen, Nüssen und Zuckerguss in der schönen Weihnachtszeit erinnern. Für Ihr Kind sind es dann unvergessliche Erinnerungen an gemeinschaftliches Erleben, an Singen, Gedankenaustausch und phantasiereiche Spiele als Ritter und Burgfräulein.

Märchenbücher – Traumwelt im Buchformat

Warum lieben Kinder schon seit Urzeiten Märchen? - Weil immer das Gute belohnt und das Böse bestraft wird. Auch moderne Kids haben einen ausgeprägten Gerechtigkeitssinn und schlafen beruhigt ein. Sogar dann, wenn es am gerechten Ende ziemlich brutal zugeht (*„Und die Hexe stürzte in den Ofen und verbrannte."*).

Die Erwachsenen empfinden Märchen oft als zu grausam und versuchen sie nach persönlichem Empfinden zu „entschärfen", was allerdings eher der zart besaiteten Mama hilft. So wird in meiner persönlichen Soft-Variante die böse Stiefmutter von Schneewittchen ins Gefängnis gesperrt und braucht nicht in glühenden Schuhen zu tanzen, bis sie tot umfällt. Allerdings gibt es auch Kinder, die mich sehr energisch verbessern, wenn ich erzähle, dass Gretel die böse Hexe in den Backofen sperrt. *„Nein, sie wird verbrannt. Und das ist auch gut so!"* belehrte mich ein Vierjähriger.

Achten Sie darauf, dass Sie sich auf eine Version mit Ihrem Kind einigen. Kinder mögen bei Märchen keine Variationen, sondern immer das Gleiche – das Original – hören. So werden dann auch die ansonsten langweiligen Grammatik- und Vergangenheitsformen auf spannende Weise gehört und gelernt. Zudem schulen Fabeln und Märchenbücher die Phantasie und Vorstellungskraft. Märchenkassetten können zusätzlich durch häufiges Wiederabspielen der Lieder und Erzählungen helfen, die Satzmuster einzuprägen und Szenen in der Erinnerung zu speichern, die dann demnächst im aktiven Spiel und neuer Zusammenstellung ausprobiert werden.

SEIFENBLASEN –
GAUDI UND FÖRDERUNG DER MUNDMOTORIK

Ein guter Lippenschluss Ihres Kindes ist nicht nur wichtig für seine gesunde Kiefer-Zahnentwicklung und zur Reduktion von Ohrinfekten (Mittelohrentzündungen), sondern auch zur Vermeidung einer undeutlichen „nuschelig-verwaschenen" Aussprache. Auch gegen das verbreitete „Lispeln" im Vorschulalter ist das Training des Lippenschlusses eine erste effektive Maßnahme.

Der vierte Geburtstag und der damit verbundene Urlaub ist für Tom der gefürchtete Stichtag. Er muss sich nun endlich von seinem Schnuller verabschieden. Ohne Schnuller läuft er mit offenem Mund herum und seine Zunge hängt durch den offenen Biss ein Stück nach draußen. Bei der Vorstellung in meiner Praxis zuvor sprach er sehr undeutlich, hielt aber hartnäckig an seinem Schnuller fest. Die Mutter bereitete ihn nach dem Termin darauf vor, dass er oben auf einem hohen Berg außer seinem Geburtstagsgeschenk noch ein weiteres schönes Geschenk bekommen werde, wenn.... Ja – dafür muss er dann aber im Tausch seinen Schnuller abgeben. Tapfer wandert Tom mit Schnuller im Mund auf den hohen Berg, während er immer wieder zu dem heiß ersehnten Feuerwehrauto guckt. Oben angekommen, will er trinken und hält den Schnuller in der Hand. „Jetzt wirf den Schnuller den Berg hinunter!", fordert ihn da die Mutter auf. „Sonst bekommt ein armes Kind das Feuerwehrauto."
Nach kurzem Zögern fällt der Schnuller für ewig in die Tiefe. Tom schaut ihm nach und bekommt sofort das rote Feuerwehrauto. Wider Erwarten gibt es danach und an den folgenden Tagen weder „Theater" noch schlaflose Nächte. Tom ist auf

116

einen Schritt ein Stückchen erwachsener geworden – und sogar so stolz darauf,
dass er mir die Geschichte nach seiner Rückkehr erzählt.
Jetzt arbeiten wir an seinem Lippenschluss. Unterstützt wird das Training mit ei-
ner „Mundvorhofplatte". Die sieht ein wenig wie ein Schnuller aus, legt sich aber
wie ein breites Band auf die vorstehenden Zähne und wird mit den Lippen festge-
halten. Und was passiert? Der offene Biss wird sich ganz allmählich schließen,
und das Schlucken wird nach hinten verlagert. Häufig ist allein aufgrund dieser
gezielten Maßnahme das Lispeln nach dem Zahnwechsel verschwunden.

Schillernde Seifenblasen faszinieren schon die Kleinen. Die Feinmotorik im
Bereich des Mundes und Gaumensegels wird sehr intensiv durch das sanfte
Anblasen des Seifenringes geschult. Kleine Kinder pusten erst einmal zu fest
in den Seifenring hinein. Durch Vormachen und Nachahmen schult das Kind
seine Atemführung und automatisch auch verschiedene Muskeln im Gesicht.
Kindern mit nasaler Aussprache wird spielerisch die Luftführung durch den
Mund bewusst gemacht. Spätestens mit fünf Jahren braucht das Kind den
„Kussmund" für den „Sch"-Laut. Geschicklichkeit, Konzentration und Ausdauer
werden durch Seifenblasen mit viel Spaß nebenbei geschult.

TIPP:

Wenn Sie den Verdacht haben, Ihr Kind habe eine leichte Fehlstellung
der Zähne oder des Kiefers (vielleicht auch durch zu langes Nuckeln
am „Lulla"), dann stellen Sie Ihr Kind dem Zahnarzt oder Kieferorthopäden vor. In Großstädten gibt es seit einigen Jahren auch auf Kinder
spezialisierte Zahnärzte bzw. -ärztinnen. Fragen Sie dort gezielt nach
der Mundvorhofplatte (MVP). Wenn der Arzt Erfahrungen damit hat,
wird er Ihnen weiterhelfen. Es gibt auch eine Reihe von Kinderärzten,
die dieses Hilfsmittel anpassen.
Die MVP ist auch ein gutes Mittel zum Abgewöhnen hartnäckiger Lut-
schgewohnheiten (Daumenlutschen, Dreifingerlutschen usw.). Spielen
Sie mit Ihrem Kind, wenn es die Mundvorhofplatte trägt, oder lesen
Sie ihm vor. Es darf mit diesem Gerät ruhig sprechen und auch schla-

fen. Schaffen Sie ihm für diese mundmotorische Übung angenehme Situationen – und Ihr Kind wird schnell einen schönen Mundschluss bekommen, vielleicht später auch keine langwierige und teure kieferorthopädische Behandlung benötigen.

NICHT ZU SPÄT FÜR NACHZÜGLER: VARIANTEN DER SPRACHENTWICKLUNG

Wir neigen dazu, allen Kindern in einem bestimmten Alter die gleichen sprachlichen Fähigkeiten zuzuschreiben. In Wirklichkeit aber baut jedes Kind seinen Wortschatz und seine Grammatik sehr individuell auf. Das macht es schon gar nicht zum gleichen Zeitpunkt wie die anderen und erst recht nicht in gleicher Erscheinungsform. Das Entwicklungstempo des normalen Spracherwerbs ist auch im Alter von vier Jahren immer noch individuell verschieden.

So spricht nur ein kleiner Teil der Kinder mit vier Jahren alle Laute und Lautverbindungen, Haupt- und Nebensätze grammatikalisch korrekt. Die meisten Kinder holen bis zum Schulbeginn um den sechsten Geburtstag herum diese kleinen Mängel auf und werden bei gut entwickeltem Lernverhalten auch gute Schüler. Eltern können sich an der auch von vielen Kinderärzten in Deutschland verwendeten Übersichtstabelle *„Toleranzbereiche und beginnende Therapiebedürftigkeit der häufigsten kindlichen Lautfehlbildungen und Sprachentwicklungsstörungen"* orientieren.

Auch wenn die kindliche Sprachentwicklung im Wesentlichen bis zum sechsten Geburtstag abgeschlossen ist, erfolgt durch den Lese- und Schreibprozess noch eine weitere Differenzierung von Wortschatz, Grammatik und Automatisierung der „späten" Laute wie *„K-G"* oder *„Sch"*. Sehen Kinder den von ihnen unsicher gesprochenen Laut als Schriftbild, dann speichern sie ihn beim richtigen Lesen des Wortes und verwenden ihn nach dem ersten Schuljahr auch in der Spontansprache. Sie verarbeiten Sprache also nicht nur über das Hören und die Sprechbewegungen, sondern auch über das Sehen. Und verknüpfen im Gedächtnis Schriftbild, Wortschatz und grammatikalische Regeln.

Ina hat einen guten Wortschatz und spricht grammatikalisch korrekt. Die Eltern achten auf eine deutliche Aussprache und lesen ihr viel vor. Nur das „K-G" spricht sie bis zum fünften Geburtstag noch nicht spontan. Deshalb wird eine logopädische Behandlung eingeleitet. Erst nach zehn Sitzungen kann Ina den Laut nachsprechen. Sie braucht also relativ lange. Ina erweist sich aber als vorzeitig schulreif und wird daraufhin eingeschult. Prompt schreibt sie in einer Schularbeit „Zirtus" statt „Zirkus". Aber dieser typische Fehler hilft uns weiter: Erst durch die visuelle Zuordnung des gelernten Schriftbildes „K" zum gesprochenen Laut wird dann zunächst das „K" und später auch das „G" über die Schriftsprache in die Spontansprache hinein verankert. Und fortan ist Inas Problem gelöst.

*Anders bei **Steffen**: Er spricht die ersten Wörter mit zweieinhalb Jahren. Der Wortschatz nimmt sehr langsam zu, obwohl die Eltern viel mit ihm spielen, Bilderbücher betrachten und vorlesen. Er ist ein sehr zurückhaltender Junge und kommuniziert nur kurz und knapp, wenn er etwas wünscht. Mit vier spricht er einfache Aussagesätze weitgehend korrekt. Er bastelt und probiert gern mit seinen Legobausteinen und Playmobilfiguren. Dabei schweigt er lange in sich hinein. Die Behaltensspanne für Haupt- und Nebensätze ist noch nicht entwickelt, so dass er prompt beim „Delphin-Test" – der Sprachstandserhebung in Nordrhein-Westfalen – durchfällt. Aber mit vier Jahren ist seine Sprachentwicklung ja noch im vollen Gange. Ich empfehle den Eltern, sein Kommunikationsverhalten durch Rollenspiele mit den Playmobilfiguren zu schulen. Mit vielen Zwischenfragen und „Warum"-Fragen konfrontiert soll er seine komplizierten Bauten mit Legosteinen erklären, um auf diese Weise die Behaltensspanne für Haupt- und Nebensätze zu erweitern. So behält Steffen ganz allmählich auch komplexere Anweisungen und kann sie dann auch ausführen, z. B.: „Stelle den Ritter neben den anderen Ritter, der gerade auf dem Pferd sitzt und wartet."*
Die Geduld und Mühe hat sich nun gelohnt: Zwei Jahre später – zum Schulbeginn – beherrscht Steffen auch komplizierte grammatikalische Strukturen wie Nebensatzkonstruktionen. Und seinem weiteren Schulerfolg steht nichts mehr im Wege.

Sprache beeinflusst also unser Gedächtnis und umgekehrt. Auch beim Start erst mit vier Jahren kann man durchaus noch die Fähigkeit zum differenzierten Sprachgebrauch erwerben. Außer erblichen Anlagen, Hörfähigkeit, funktionierenden Sprechorganen und Gedächtnis sind eine sprechende Umgebung und nicht zuletzt sozial-emotionale Kontakte Voraussetzung für eine gesunde Sprachentwicklung.

Stolpersteine:
Risiken der Sprachentwicklung
im vierten Lebensjahr

Wir wissen heute, dass sich bei höchstens zehn Prozent der Kinder mit einer langsameren Sprachentwicklung eine Sprachentwicklungs-Störung (SEV) herauskristallisiert. Aufgrund des sehr großen Normalbereiches (Entwicklungsvariabilität) ist eine Sprachentwicklungs-Störung erst nach dem dritten Geburtstag überhaupt zu diagnostizieren.

Es gibt allerdings vorab einige Hinweise, die wir durch genaues Beobachten des Kindes erhalten können: Fehlt ihm die Fähigkeit, aufmerksam zu sein, anzuschauen, Blickkontakt aufzunehmen und mit dem Blick zu verweilen, fehlt damit auch eine wichtige Voraussetzung für die Sprache und das Sprechenlernen. Diese Kinder haben erfahrungsgemäß später häufig Sprachprobleme.

*Mit zweieinhalb Jahren kommt **Urs** zum ersten Mal zur Beratung. Seine Mutter ist besorgt: „Wie kann ich noch mehr die Sprache meines Jungen fördern?". Auch mit drei Jahren spricht er nur einige wenige unverständliche Worte und noch keine Sätze.*

Dann – mit drei Jahren und neun Monaten – versteht er schon längere, komplexere Sätze und kann normale Aussagesätze nachsprechen. Seine Aussprache ist verständlich. Nun nehme ich ihn in die Therapie und baue aus dem geringen Wortschatz erste Befehls- und Wunschsätze.

Neun Monate später droht ihm der „Delfintest" (Sprachstandserhebung für Vorschulkinder in NRW). Die Mutter bittet die zuständige Lehrkraft, ihrem Sohn den Test zu ersparen, weil er ja schon in Therapie ist. Die Sprachtherapie sei viel intensiver als die allgemeine Sprachförderung. Aber die Lehrerin verweist auf „das Gesetz", an das sie gebunden sei – er müsse also mitmachen.

Mit viel Bangen schickt die Mutter daraufhin Urs zum „Delfintest" – und er be-

steht ihn! Die Sprachverständnissätze sind für ihn kein Problem, das Nachsprechen von „Quatschwörtern" findet er sogar lustig. Das Nachsprechen der Unsinnssätze ist für ihn wie für die meisten Kinder nicht möglich. Manche guten Sprecher im Kindergarten fallen auch deshalb durch, weil sie den Test einfach verweigern. Die testende Lehrerin teilt der Mutter anschließend mit, dass Urs „keine Sprachförderung braucht." Und die Erzieherin von Urs – die der Mutter mit Recht früher immer wieder sagte, wie schlecht er noch spreche – ist selbst sprachlos.

SPRACHENTWICKLUNGS-VERZÖGERUNG (SEV)

Ebenfalls zu den potentiellen Risikokindern gehören Sprachentwicklungs-Verzögerte, die erst zu ihrem dritten Geburtstag (oder auch später) zu sprechen beginnen. Wenn sie dann allerdings „gleich in Sätzen" sprechen, wie die Eltern teilweise berichten, holen diese Kinder bis zum Schulbeginn in Wortschatz, Grammatik und häufig auch in der richtigen Aussprache auf. Es gibt also nicht wenige Risikokinder, die keine Sprachtherapie brauchen.

Viel häufiger bleibt bei Risikokindern der Wortschatz über lange Zeit gering. Ihre Aussprache ist gestört, und die Grammatik beschränkt sich vorläufig auf (agrammatische) Ein- bis Vierwortsätze. Das Verständnis der Sprache und ihre der Situation angemessene Verwendung erscheinen nicht gestört.

In solchen Fällen wird bei so genannter „Vokalisation" (sehr selten, d. h. das Kind spricht mit drei Jahren überwiegend in Selbstlauten/Vokalen) mit der Lautanbildung, Satzbildung und dem Wortschatzaufbau begonnen.

Bei „Agrammatismus" (sehr selten, keine regelhaften Sätze) wird ebenfalls nach dem dritten Geburtstag eine Sprachtherapie eingeleitet. Hat ein Kind einen „Dysgrammatismus schweren Grades" (Tätigkeitswort wird nicht immer gebeugt, fehlerhafter Gebrauch des Artikels, fehlende Präpositionen wie „in, auf, unter" usw.), beginnt nach dem vierten Geburtstag die Behandlung. Und bei „Dysgrammatismus mittleren bis leichteren Grades" (Satzverdreher, Vertausch des Artikels) nach dem fünften Geburtstag. Die Bildung einzelner Sprachlaute ist generell vom Alter des Kindes abhängig und sollte zum jeweils optimalen Entwicklungszeitpunkt ökonomisch, d. h. „kurz und schmerzlos" korrigiert werden.

Auf die Dauer der Behandlung wirkt sich entscheidend aus, dass die Eltern – oder ein Elternteil bzw. eine Bezugsperson – während der Therapie anwesend sind und angeleitet werden. Wird das Erlernte zu Hause geübt und verfestigt, kürzt das die Therapie in der Regel deutlich ab. Seltene Ausnahmen habe ich nur unter ungünstigen sozialen Verhältnissen beobachtet.

Bevor durch den Kinderarzt oder HNO-Arzt eine Therapiemaßnahme in Erwägung gezogen wird, sollten Sie zuvor unbedingt die engmaschigen Vorsorge-Untersuchungen nutzen. Eventuelle Entwicklungsauffälligkeiten kann der Kinderarzt schon sehr früh feststellen und Sie dann beraten.

Redeunflüssigkeit und Stottern

Beraten wird Ihr Kinderarzt Sie auch, wenn Ihr Kind anfängt zu stottern. Hat nämlich die Satzbildung im dritten Lebensjahr begonnen, zeigen etwa sechzig Prozent aller Kinder entwicklungsbedingte Sprechunflüssigkeiten. Einen erneuten Anstieg des Stotterns beobachten wir, wenn mit vier Jahren die Sätze länger und komplexer werden.

Wie erklärt man sich heute dieses Problem? Sprechen und Denken müssen von Ihrem Kind erst einmal in Einklang gebracht werden. Besonders ängstliche, scheue Kinder mit Ausdrucksschwierigkeiten geraten schnell aus dem sprachlichen Gleichgewicht und haben Konzeptschwierigkeiten. Die sind teilweise nur diskret, gehen aber gelegentlich auch mit derart heftigen Blockaden einher, dass eine Beratung der Eltern durchgeführt wird. Ziel ist die Förderung der Sprechsicherheit des Kindes.

Besteht noch weiterer Bedarf an Beratung, wird die Anleitung der Bezugspersonen wiederholt und bis zu zehn Sitzungen fortgesetzt. Hat das Kind keine weiteren Sprachdefizite als Ursache, dann versandet das Stottern meistens zwischen dem dritten und sechsten Lebensjahr. Meine Beobachtungen und Untersuchungen bestätigen, dass auch im Vorschulalter schwer stotternde Kinder die „Fähigkeit zur Selbstheilung" besitzen. Es sollte deshalb Vorsicht vor einer zu frühen und/oder zu direkten Behandlung des stotternden Vorschulkindes geboten sein.

TIPP:

Gerade Eltern sprachauffälliger Kinder fördern Ihr Kind optimal, indem sie ihm möglichst viel Zeit zuwenden, sich intensiv mit ihm beschäftigen, häufig kurze Sprachwiederholungen und Spielroutinen anbieten, eine anregende Umwelt, einen interessanten Alltag, tägliche Kommunikation, Wärme und Akzeptanz zeigen.

Auch in einem bildungsorientierten Elternhaus können Sprachentwicklungs-Störungen auftreten. Bildung hat also nicht direkt mit dem Talent zum Sprechen lernen zu tun. Allerdings lernen intelligente Kinder häufig – jedoch nicht immer – schneller sprechen als der Durchschnitt und erreichen in ihrem Leben ein höheres Sprachniveau. Nur, es muss ja nicht jeder ein wahrer Sprachkünstler werden. Jedes Kind hat bisher sprechen gelernt – innerhalb seiner biologisch gesteckten Grenzen.

Sprachentwicklungsgestörte Kinder brauchen verstärkt Wiederholungen, um ihren angeborenen Neugier-, Erforschungs- und Nachahmungstrieb zu stimulieren. Auf diese Weise erreicht man, dass ihre eingeschränkten Wahrnehmungs- und Verarbeitungskapazitäten für den Spracherwerb möglicht gut ausgeschöpft werden.

Hat ein Kind dann ein bestimmtes Entwicklungsalter erreicht, kann man mit ihm ganz gezielt an seinem Störungsbild arbeiten. Zunächst entscheidet der Kinderarzt auf der Basis von Entwicklungstests, die den körperlichen, geistigen und emotionalen Entwicklungsstand des Kindes erfassen sollen, ob und welche weiterführenden Maßnahmen zu ergreifen sind. Kinder mit mehreren aufgedeckten Risikofaktoren überweist der Kinderarzt in Pädaudiologische und Sozialpädiatrische Zentren, die darauf spezialisiert sind und die weiterführende Diagnostik und ggf. Behandlung übernehmen. Wir haben in Deutschland das große Glück, dass ein relativ engmaschiges Netz dieser modernen Einrichtungen besteht.

DIE VORSORGE-UNTERSUCHUNG U8: WAS WIRD DIESMAL UNTERSUCHT?

Die achte Vorsorge-Untersuchung (U8) findet zwischen dem 46. und 48. Lebensmonat (also zwischen drei-dreiviertel und vier Jahren) statt. Unter anderem wird der Kinderarzt einen ausführlichen Seh- und Hörtest durchführen.

Ihr Kind sollte in diesem Alter mindestens auf einem Bein stehen können. Das Sozialverhalten Ihres Kindes wird im Gespräch mit Ihnen abgeklärt. Normal in diesem Alter ist: Die Kinder führen weiterhin gern Rollenspiele durch, suchen Freundschaft mit Gleichaltrigen, spielen zusammen und können sich mit ihnen und anderen unterhalten.

COACHING:
FÄHIGKEITEN, DIE SIE BIS ZUM ENDE DES VIERTEN LEBENSJAHRES FÖRDERN KÖNNEN

Auch wenn es nicht Ihr Ziel ist, ein bestimmtes „Plansoll" mit Ihrem Kind zu erreichen – Ihr Kind erzielt sein Maximum möglicherweise erst später und kann dafür etwas anderes schon sehr gut – dient die nachfolgende Rahmenübersicht der eigenen Orientierung und Absicherung.

Das Vierjährige sollte in der Lage sein,

- einfache Sätze richtig zu bilden
- ab und zu schon Haupt- und Nebensätze zu verbinden
- eine Vergangenheitsform manchmal richtig zu verwenden: z. B. *„Ich habe gemalt."* oder *„Ich war bei Oma.", „Ich bin gelaufen."*
- Abbildungen und Handlungen im Bilderbuch zu kommentieren

Nach dem Grenzsteinprinzip von *Richard Michaelis* beherrscht Ihr Kind mit vier Jahren eine ganze Reihe neuer Fertigkeiten:

- Ihr Kind zeigt differenzierte Rollenspiele, aber oft noch mit sich allein (Puppen, Kaufladen, Fahrzeuge).

- Die berühmten W-Fragen werden gestellt („*Warum? Wieso? Wo? Woher? Wann?*").
- Es hört genau zu beim Vorlesen oder bei Erklärungen.
- Ihr Kind versteht, dass bei gemeinsamen Spielen auch andere Kinder an der Reihe sind.
- Jetzt besteht auch die Bereitschaft zu teilen – man hat ja auch selbst mal den Vorteil.
- Ihr Kind kann ein Dreirad (oder ähnliches Fahrzeug) mit koordinierten Beinbewegungen fahren und steuern.
- Der Malstift wird korrekt zwischen dem Daumen und den ersten beiden Fingern der Hand gehalten.

Gerade Jungen fällt das Malen und das richtige Halten des Stiftes bis zum fünften Geburtstag noch schwer. Daher wollen viele noch nicht malen. Aber mit zunehmendem Alter und der Entwicklung der Feinmotorik und der Wahrnehmung fallen die Griffhaltung und das Malen leichter. Übung macht den Meister.

Malen Sie mit ihm zusammen einen Mann (kein Strichmännchen), dazu ein Haus mit vielen bunten Blumen und einen Baum. Ermuntern Sie Ihr Kind, eigene lieb gewonnene Gegenstände hinzuzufügen. Bauen Sie auch die neuen Begriffe ein: „Kreis", dargestellt als runder Ball, oder „Viereck" für die Fenster oder dem Sandkasten, ein „Dreieck" für das Dach. Erarbeiten Sie mit Ihrem Kind spielerisch diese schon abstrakten Begriffe, die bei der Vorsorge-Untersuchung U 9 und bei der Schulanmeldung als bekannt erwartet werden. Jetzt beginnt die beste Vorbereitungszeit für die Schulreife-Untersuchung.

WAS SOLL WANN BEHANDELT WERDEN?

Die normale Sprachentwicklung eines Kindes verläuft reibungslos. Auch wenn das eine Binsenweisheit ist, muss es leider noch einmal betont werden. Wenn man nämlich in die Publikumsmedien – Zeitschriften, Fernsehen, Hörfunk, Internet – hineinschaut bzw. -hört, dann tauchen immer wieder erschreckende Zahlen auf. Bis zu 30 Prozent der Kinder und mehr sollen Sprachstörungen haben. In Stadtteilen von Großstädten mit hohem Migrantenanteil sollen es gar 50 Prozent und mehr sein. Diese Zahlen kommen zustande, wenn man die wenigen Kinder mit Sprachentwicklungs-Störungen und die vielen Kinder mit fehlenden oder schlechten Sprachvorbildern unkritisch zusammenfasst und sagt: *„Die haben alle Sprachstörungen"*. Und weil diese dann ja alle „krank" wären, muss bitteschön die Krankenkasse dafür zahlen. So wird ein gesellschaftliches Problem, das sozialpolitisch zu lösen ist (konkret: die Politiker müssen dafür viel Geld in die Hände nehmen), zu Lasten der Solidargemeinschaft der Krankenversicherten teilweise gelöst. Diese Fehlentwicklung gilt es in den nächsten Jahren abzustellen – wünschen wir unseren Sozialpolitikern hierbei ein „glückliches Händchen".

Wenn man also die Kinder ausblendet, die einfach nur schlechtes Deutsch sprechen, dann bleiben etwas sechs Prozent der Kinder über, die eine Sprachentwicklungs-Störung haben. Diese Zahl ließe sich vermutlich weiter reduzieren, wenn generell in Kindergärten und Kindertagesstätten eine gute Sprachförderung stattfinden würde, die viele der Tipps in diesem Buch berücksichtigt. Weiterhin ließe sich die Zahl der Behandlungen und Therapiesitzungen abermals deutlich reduzieren, wenn grundsätzlich sehr früh (ab zwei Jahren) eine Beratung der Eltern immer dann stattfinden würde, wenn ihr Kind langsamer oder schlechter als die Spielkameraden sprechen lernt. Eltern haben dafür in der Regel sehr ausgeprägte „Antennen", und sie sind oft die ersten, die dem Kinderarzt einen entsprechenden Hinweis geben können.

Der Kinderarzt veranlasst dann in seiner Praxis zunächst ein so genanntes „Screening" (Suchverfahren), mit dem erfasst wird, ob mit einer gewissen Wahrscheinlichkeit eine Sprachenwicklungs-Störung oder zumindest eine Abweichung von der Norm vorliegt. Falls das der Fall ist, wird er entscheiden, ob das Kind einem Logopäden bzw. Sprachtherapeuten zur genaueren Diagnostik vorgestellt werden sollte und stellt dann ggf. eine entsprechende Verordnung aus. Den Therapeuten für ihr Kind können sich die Eltern aussuchen; es hat sich allerdings in der Regel bewährt, den Empfehlungen des Kinderarztes oder von befreundeten Eltern zu folgen.

Lassen Sie sich vorab telefonisch einen Termin in der Praxis Ihrer Wahl geben. Wenn es dann soweit ist, wird der oder die Sprachtherapeut(in) eine weitere Diagnostik machen, die genaue Diagnose stellen und Ihnen und dem Kinderarzt das weitere Vorgehen empfehlen.

Wenn Sie Glück haben, folgen dann nur regelmäßige Beratungen und Anleitungen für häusliche Übungen, die in etwa vierteljährlichem Abstand wiederholt werden. Diese Kontrollsitzungen mit Anleitung der Eltern geben Ihnen und Ihrem Kind die Möglichkeit, seine natürliche Entwicklung zu nutzen und dann – zum richtigen Zeitpunkt (wenn Ihr Kind so weit ist) – mit Therapiesitzungen entsprechend den Heilmittelrichtlinien den gewünschten Erfolg zu erreichen. Diese sehr gezielte Behandlung setzt allerdings eine große Erfahrung des Therapeuten voraus.

> ## TIPP:
>
> Fragen Sie bei der Anmeldung zur Sprachtherapie, ob Sie bei der Behandlung grundsätzlich dabei sein können und die Behandlung eine Anleitung der Eltern umfasst. Es gibt Therapeuten, die die abenteuerlichsten Argumente anführen, warum die Mutter besser während der Therapie im Wartezimmer die neuesten Zeitschriften lesen sollte. Nach mehr als 30 Jahren Praxis ist mir allerdings kein einziges wirklich stichhaltiges Argument dafür zu Ohren gekommen, die Mutter oder den Vater (als „Ablenker") auszusperren. Für den Therapeuten ist es natürlich anstrengender sich bei der Arbeit beobachten zu lassen und den Eltern alles zu erklären – aber es ist ungleich effizienter.

Als ich zu Anfang meiner Tätigkeit damit begonnen habe, die Eltern ohne Ausnahme in die Therapie einzubeziehen, habe ich oft „Blut und Wasser" geschwitzt, wenn das Kind nicht mitmachen wollte oder die Therapieschritte nicht reibungslos abliefen. Das war und ist normal, weil man als Berufsanfänger noch nicht die Erfahrung eines „alten Hasen" im Fachgebiet haben kann. Diese Routine stellt sich allerdings nach dem Sprung ins kalte Wasser sehr schnell ein – und kommt allen folgenden Kindern und Eltern dann zugute, wenn sie statt sechzig und mehr Sitzungen nur zehn oder zwanzig Behandlungen brauchen.

Die nachfolgende orientierende Übersicht habe ich anhand einer 25 Jahre dauernden Langzeituntersuchung an 2.600 Kindern erarbeitet. Sie zeigt an, in welchem Alter bei einer isolierten Lautbildungs-Störung eine erste Vorstellung, Beratung, Kontrollen, Beobachtung und zum richtigen Entwicklungszeitpunkt dann eine Therapie einsetzen sollte. Bei kombinierten Störungen wird die Behandlung entsprechend eher einsetzen. Das gilt auch für Störungen wie Sprachentwicklungs-Verzögerung, Agrammatismus oder Dysgrammatismus und vorübergehendes oder dauerhaftes Stottern.

TOLERANZBEREICHE UND BEGINNENDE THERAPIEBEDÜRFTIGKEIT

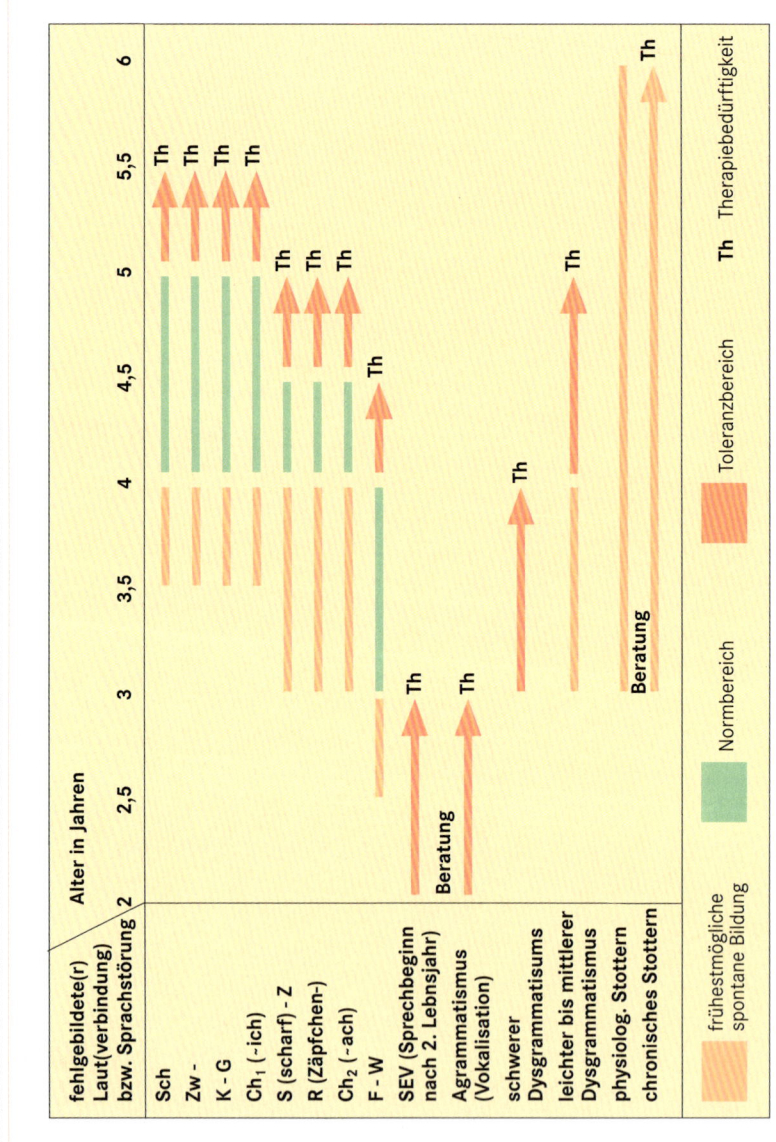

TOLERANZBEREICHE UND BEGINNENDE THERAPIEBEDÜRFTIGKEIT

Es bedeutet in der Grafik

Sch Fehlen oder Störung des SCH-Lautes (wie Schwein, Schuhe)

Zw- Fehlen oder Falschaussprechen des Zw-Lautes (wie Zwiebel, Zwerg)

K-G Ersatz oder Falschaussprechen des K-G-Lautes (wie Komm, Garten)

Ch_1 Ersatz oder Falschaussprechen des Ch_1-Lautes (wie ich, Teppich)

S-Z Ersatz oder Falschaussprechen des S-Z-Lautes (wie Eis, Zahn)

R Ersatz oder Falschaussprechen des R-Lautes (wie Ruhe, trinken)

Ch_2 Ersatz oder Falschaussprechen des Ch_2-Lautes (wie acht, Bach)

F-W Ersatz oder Falschaussprechen des F-W-Lautes (wie Fahne, Wasser)

SEV Sprach-Entwicklungs-Verzögerung (Sprechbeginn nach dem zweiten Lebensjahr)

Agrammatismus — Satzbildung ohne Artikel (der, die, das), fehlende Konjugation des Verbs (er lacht, wir lachen, ...), fehlende Deklination des Hauptwortes (Fälle: das Pferd, des Pferdes, dem Pferd...)

Dysgrammatismus

- schweren Grades — Störung der Grammatik / Satzbildung mit beginnender Deklination und Konjugation, Verb-Umstellungen, Auslassen von Präpositionen (in, an, auf, ...)

- mittleren Grades — Verb-Umstellungen und Vertauschen des Artikels / des Kasus (den, dem, ...)

- leichten Grades — Vertauschen des Artikels und des Kasus (des Falls)

Stottern

- physiologisch — Redefluss-Störung aufgrund entwicklungsbedingter Sprechunsicherheit

- chronisch — mit länger als sechs Monate anhaltendem Sprechen unter Anstrengung

129

Eine gute Sprachtherapie setzt also gezielt ein und bindet die ganze Familie in die Behandlung ein. Dadurch wird im optimalen Falle ein schneller Therapieerfolg erreicht und Sie und Ihr Kind haben wieder Zeit für die vielen anderen Dinge, die das Leben schön machen

---

*Der 5-jährige **Ben** ist zum ersten Mal mit seiner Mutter bei mir in der Praxis. Er ist ein aufgewecktes Kerlchen, macht sehr schön mit – aber er stottert seit kurzer Zeit leicht, was die Mutter natürlich beunruhigt. Nachdem ich den Kleinen und seine Mutter ausgiebig interviewt und das Kind getestet habe, entlasse ich die beiden gut beraten und mit der Vereinbarung, dass regelmäßige Kontrollen erfolgen sollen.*

Als Ben und seine Mutter den Behandlungsraum verlassen haben, höre ich noch kurz ein angeregtes Gespräch im Wartezimmer, das ich aber nicht verstehen kann. Die nächste Patientin ist eine attraktive 40-jährige Dame mit einer Stimmstörung. Nach der Begrüßung frage ich sie, ob sie die beiden zufällig kannte, weil sie sich so nett unterhalten haben. Die Antwort: „Nein, die kannte ich nicht. Aber der Kleine hat mich im Wartezimmer ganz entsetzt angeschaut und seine Mama gefragt: ,Geht die alte Frau immer noch zur Sprachtherapie?'"

KAPITEL 5: DAS WICHTIGSTE IN KÜRZE

▸ Es gibt kein Zeitfenster, in dem Ihr Kind sprechen lernt, und das sich danach wieder schließt.

▸ Auf Üben und Lernen unter Druck reagiert Ihr Kind negativ mit nachlassender Neugier und Lust, ggf. sogar mit Bauchschmerzen.

▸ Lesen Sie Ihrem Kind nicht die Wünsche von den Augen ab. Es soll erst versuchen, seinen Wunsch auszusprechen.

▸ Einige Laute, wie K oder G, lernt Ihr Kind oft erst kurz vor Schulbeginn.

▸ Selbst überlegen und ausprobieren wirken anregend auf kindliches Sprechen und Denken.

▸ Ab dem 3. Lebensjahr zeigen bis zu 60 Prozent der Kinder vorübergehende Sprechunflüssigkeiten und Stottern.

▸ Das kindliche Stottern bleibt nur in etwa vier Prozent der Fälle weiter bestehen.

▸ Auch beim Start mit erst drei Jahren kann noch eine differenzierte Sprache erworben werden.

So fördern Sie die Sprachentwicklung bis zum fünften und sechsten Geburtstag

In diesem Kapitel erfahren Sie, ...

▶ wie die richtigen Lernanreize für den Spracherwerb in diesem Alter aussehen

▶ wofür ein kompetenter Lippenschluss jetzt wichtig ist

▶ wann Sie mit Ihrem Kind den Kieferorthopäden oder Zahnarzt aufsuchen sollten

▶ welche positiven Eigenschaften die Mundvorhofplatte hat

▶ worauf in der Schulreife-Untersuchung besonders geachtet wird

▶ wie Sie Vorausläufer-Fähigkeiten für das Lesen- und Schreibenlernen trainieren

▶ welche Kinder verstärkt Wiederholungen brauchen, um Grammatik zu lernen

▶ wie erfolgreiche Regeln für den kindlichen Medienkonsum aussehen

Stabilisierung
der Laut- und Satzbildung

Bis zum Alter von sechs Jahren ist der Spracherwerb Ihres Kindes in den Grundzügen abgeschlossen. Haupt- und Nebensätze werden in der Regel richtig gebildet, die Anwendung der Grammatik und die Lautbildung sicher beherrscht. Der Grundwortschatz ist vorhanden. Der Wortschatz entwickelt sich aber immer weiter – besonders dann, wenn ein Kind gern liest und sich für spezielle Sachgebiete (zum Beispiel Autos, Flugzeuge, Eisenbahnen, Roboter, Dinosaurier) interessiert.

Die sensible Phase der sprachlichen Weiterentwicklung nimmt nicht – wie häufig verbreitet wird – bereits nach dem vierten Geburtstag ab, sondern nach aktuellen wissenschaftlichen Erkenntnissen erst ganz allmählich nach dem zwölften Geburtstag. Je mehr Anreize Kinder bekommen, desto feiner und differenzierter wird das Netz ihrer Hirn- und Nervenzellen, was sich positiv auf ihre Lernfähigkeit und Intelligenz auswirken kann.

Überzogen ist aber der verbreitete Glaube, dass diese Förderung auch mit theoretischem Lernstoff funktioniert. Das führt dazu, dass zu ehrgeizige Eltern möglichst früh, also schon im Vorschulalter, ihr Kind Fremdsprachen und Rechnen lernen lassen. Ohne die nötige Verknüpfung mit der Alltags-Situation geht der Lernstoff aber wieder verloren. Das Kind verliert schnell die Lust am Lernen und fühlt sich erschöpft.

Wie kann man dieser Entwicklung vorbeugen? Achten Sie auf die Signale und Reaktionen Ihres Kindes. Lernanreize – wie das Spiel im Freien mit Familie und Freunden, sinnliches Erleben und Begreifen in der Natur und mit Bilder- und Märchenbüchern – prägen die Intelligenz- und Sprachentwicklung entscheidender als Lernstoff, der vom Kind abgearbeitet werden muss.

Erwirbt Ihr Kind im Vorschulalter eine gute sprachliche Basis mit verinnerlichten grammatikalischen Regeln und so vielen Wörtern wie möglich, dann wird es darauf aufbauend auch eine Fremdsprache lernen können. Erleichtert wird das, wenn es sich für die Sprache deshalb interessiert, weil es beispielsweise in dem betreffenden Land seine Ferien verbringt oder Verwandte hat. Sogar Latein kann später einmal spannend werden, wenn Ihr Kind durch systematisches Entschlüsseln der Sätze herausfindet, wie die Leute im Altertum gelebt haben. Aber alles zu seiner Zeit.

Eine gute sprachliche Basis entwickelt Ihr Kind durch ...

- sprachliches Erleben, also ausreichend Bewegungs- und Sinneserfahrung. Das heißt: auf Bäume klettern, sammeln, basteln, malen, matschen ...
- über Erlebtes erzählen. Sie sollten jetzt zuhören und gezielte Fragen stellen, um die Gedankenwelt Ihres aufgeregten Kindes zu ordnen und dabei Wortschatz und Satzbildung zu erweitern. Sie zeigen dadurch Anteilnahme und Interesse, auch bei Sorgen des Kindes – nur so kann sich seine Sprache weiter entwickeln.
- Zeit für das Spielen und Sprechen mit Gleichaltrigen und Älteren. Weil Kinder leicht voneinander lernen, greifen sie gern auch für die Erwachsenen ziemlich „schlimme" Wörter auf, deren Wirkung sie dann gern zu Hause an Ihnen ausprobieren. Mit Ihrem möglichst gelassenen *„Vergiss es!"* verpufft die vielleicht erhoffte Wirkung – und Ihr Kind wendet seine Aufmerksamkeit wieder anderen, interessanteren Dingen zu. Positiv von Ihnen aufgegriffene Ansätze für individuelle Vorlieben und Bedürfnisse Ihres Kindes fördern es sprachlich eher als quasi übergestülpter Sprach-, Mal-, Musik- oder Ballettunterricht bzw. Tennis oder eine Modesportart, die im Freundeskreis vielleicht gerade „in" ist.
- die nötige Sprechsicherheit. Die erlangt das Kind durch Ihr Vorlesen, das abwechselnd von Ihnen und Ihrem Kind erzählte Märchen oder die selbst erfundene Geschichte. Die Inhalte und Aussagen der Märchen verarbeiten Kinder frühestens ab dreieinhalb bis vier Jahren. Kinder lieben das Gute, Schöne und die Gerechtigkeit – lassen Sie ihm Zeit für die nötigen Formulierungen. Erweitern Sie seine Sätze mit gezielten Verben (*„rennen, laufen, springen, toben"*) und schmückenden Eigenschaftswörtern (*„stürmisch, windig, nass, kalt"*) und Zeitangaben (statt: *„Und dann..."* besser: *„Kurze Zeit später..."* oder *„Jetzt...", „Während..."*). Wählen Sie für die Erzählung oder das Märchen die Vergangenheitsform, weil es Sinn macht und schon eine gute Vorübung für den später einmal folgenden Aufsatz ist: *„Vor langer, langer Zeit ritt ein Königssohn...in die Schule."*

Auch wenn Kinder die unregelmäßigen Verbformen noch nicht beherrschen, hören sie sich in diese Beugungen hinein und verwenden sie, je öfter sie diese Unregelmäßigkeiten hören („Er kam, sah, aß..."). Kurze Reime, Gedichte und Lieder geben Ihrem Kind weiteres Sprachgefühl und festigen seine Satzmuster.

Kinderlogik und Wissbegierde

Niklas liebt über alles die Geschichte von „Pinocchio" der immer eine lange Nase kriegt, wenn er lügt. Mit seinen fünf Jahren besitzt er schon viel Phantasie und erzählt glaubhaft, dass seine Freunde viel, viel mehr Spielzeug haben als er. Weil er es aber mit der Wahrheit altersbedingt nicht immer genau nimmt, sagt seine Mutter entnervt: „Wenn du noch einmal lügst, bekommst du wie Pinocchio eine lange Nase."

Am nächsten Morgen besucht er mich zum Artikulations-Training in der Praxis. Nach der Therapiestunde geht er mit seiner Mutter zurück in das Wartezimmer. Dort sitzt ein junger Vater mit eindrucksvollem Riechorgan und liest seiner Tochter vor. Niklas ruft überrascht: „Mama, warum hat der Mann so eine droße lane Nase? Lüt der auch?".

AKTIVE SPRACHE

Jetzt im Schulvorbereitungs-Alter ist die Sprache Ihres Kindes formal komplett in seiner Form (Artikulation) und Struktur (Grammatik). Was ganz natürlich noch fehlt, ist der wachsende Wortschatz, der im weiteren Kindesalter, während der Schulzeit und im Erwachsenenalter erworben wird. Im Vorgriff darauf schnappt Ihr Kind gern Begriffe und Redewendungen von Älteren auf, die es dann „altklug" in seinen Sprachschatz einbaut (der Briefträger – *„der bringt ja doch nur Rechnungen!"*). In welchem Umfang das geschieht, hängt sehr davon ab, ob Ihr Kind den Tag überwiegend mit Erwachsenen oder mit Kindern zusammen verbringt.

Wenn ein Kind im Alter von fünf bis sechs Jahren noch Lautbildungs- und Grammatikfehler macht, sollte spätestens jetzt eine Therapie starten. Je nach Art der Störung kann ein ausreichend erfahrener Sprachtherapeut noch vor der Einschulung zum Beispiel eine Lautbildungs-Störung erfolgreich beseitigen. Eine Behandlung zum richtigen Zeitpunkt kann dann erstaunlich kurz sein.

Und was ist normal in diesem Alter? Ihr Kind redet über alles, was es bewegt. Es spielt mit seinen Worten, es reimt und erfindet dabei neue Wortschöpfungen, die Sie verblüffen werden.

Selbstkritik dürfen Sie von Ihrem Spross allerdings noch nicht erwarten. Kritisiert werden andere Kinder oder Familienmitglieder. Das Lob aber wird von

Ihrem Kind ganz überwiegend an sich selbst vergeben – ganz so, als ob es die alten Sprüche selbst erfunden hätte – z.B. *„Tue Gutes und rede darüber."* Die schönsten Geschichten, die Sie Ihrem Kind erzählt haben, kann es nun nacherzählen. Es benutzt dabei genaue Bezeichnungen wie „oben, unten, vor, auf, ..." usw.

Vieles kann Ihr Kind noch nicht kennen. Deshalb fragt es häufig nach der Bedeutung von Wörtern und Begriffen. Es erkundigt sich, um quasi „tröpfchenweise" dazu zu lernen: *„Wozu braucht man dies?" „Wie heißt das?"*.

Wenn es erzählt, benutzt es verschiedene Zeitformen in Vergangenheit, Gegenwart und Zukunft. Und keine Probleme hat es mit nahe liegenden Dingen und Erfahrungen. So benennt es die Finger an einer Hand und mindestens vier Farben. Damit kommt man in dem Alter schon ganz schön weit – als geübter Fingerfarbenmaler.

SPRACHVERSTÄNDNIS

Im kleinen Kopf tut sich etwas: Das Denken Ihres Kindes wird nun deutlich präziser. Es denkt in Beziehungen (z. B. *„Die finde ich nett, zu der bin ich lieb, mit der möchte ich immer spielen."*), d.h. es orientiert sich über die kurzfristige, „egozentrische" oder direkte Situation hinaus. Dabei versteht es auch Sachverhalte, die es nicht unmittelbar sieht, z.B. *„Was musst du tun, wenn du etwas verloren hast?"* oder *„Was musst du tun, bevor du über die Straße gehst?"*. Die Zeiten, in denen Ihr Kind nur die Augen zuzuhalten brauchte und sich damit „wegzaubern" konnte, sind nun vorbei.

Und was hat Ihr Fünfjähriges sonst noch so drauf? Es führt drei verschiedene Aufträge in der richtigen Reihenfolge aus. Generell wird es aufmerksam für sprachliche Details, die Feinheiten in der Sprache. Ihr Kind erwirbt Wissen, sammelt ständig neue sprachliche Erfahrungen und gebraucht Sprache wie selbstverständlich als Kommunikationsmittel.

Mit sechs Jahren ist dann die sprachliche Schulreife erreicht. Was heißt das? Man kann es an vielen kleinen Beispielen ablesen. So unterscheidet Ihr Kind jetzt rechts von links (manchmal besser als Mama), es zeichnet Buchstaben nach („schreibt") und zählt schon mindestens bis zehn. Es macht sich gern nützlich, erledigt kleine Aufträge – wie beispielsweise Brötchen holen – und nimmt gern an Gruppen- und Rollenspielen teil.

Schwerpunkte im Blick: Haupt- und Nebensatz, korrekte Aussprache

Zwischen dem fünften und sechsten Lebensjahr erfolgt eine sichtliche Zunahme des Sprachumfangs, weil Ihr Kind die Bedeutung von Wörtern, die es nicht kennt, erfragen kann, Situationen in Bilderbüchern beschreiben und Tierfabeln nacherzählen kann. Kindern, die dazu noch nicht in der Lage sind, stelle ich gern gezielte Fragen, die Sie als Eltern dann zu Hause täglich in das Alltagsgespräch einbauen können: *„Was macht die Katze gerade?"* - *„Die Katze trinkt Milch."*

Legen Sie bei Satzverdrehern die Betonung auf das Tätigkeitswort als Ordner des Satzes: *„Die Katze trinkt – Milch."* Fragen Sie: *„Wo ist denn die Milch drin?"* Antwort: *„In der Schüssel.".* Auf diese Weise begreift Ihr Kind den Sinn von Präpositionen und räumlichen Verhältnissen (in, an, auf, über, unter, neben, bei). Fragen Sie auch: *„Wann trinkt eine Katze Milch?"* Antwort: *„Wenn sie Durst hat."* Ist Ihr Kind weiterhin noch unsicher im Gebrauch von Nebensätzen, fragen Sie weiter: *„Warum trinkt die Katze so viel Milch?"* Betonen Sie: *„Weil – die Katze Durst hat."* Verwenden Sie oftmals „Mustersätze", die für Ihr Kind interessant sind: *„Ich esse so viele Nudeln, damit – ich groß und stark werde. Wenn ich groß bin, gehe ich in die Schule."* Ermuntern Sie Ihr Kind dazu, dass es ruhig viel fragen soll.

Das Gedächtnis lässt sich bekanntlich trainieren – auch über die Sprache. Nimmt die Behaltensspanne für die Satzbildung allmählich zu (die Sätze werden länger), dann ist auch die so genannte „Hörmerk-Spanne für Testsätze" in der Schuluntersuchung und für Sätze im Diktat gut ausgebildet. Das ist die Dauer, für die sich Ihr Kind einen vorgesprochenen Satz merken und danach richtig wiedergeben oder später auch schreiben kann. Kurze, lustige Gedichte und Lieder mit einprägsamem Text, wie *„Der Mai ist gekommen..."* schulen sein Gehör und Gedächtnis auf angenehme Weise.

Was tut sich noch in der Sprache im fünften oder sechsten Lebensjahr? Die „späten Laute" als letzte in der Sprachentwicklung (wie Sch, Ch, K, G) werden notfalls korrigiert, in Bilderserien und Nacherzählungen eingebaut und dann allmählich in die normale Alltagssprache übernommen (automatisiert).

EIN WORT ZUM LISPELN

Das Lispeln, d. h. der Sigmatismus interdentalis („zwischen den Zähnen") sollte im Vorschulalter von einem Sprachtherapeuten begutachtet werden. Der kann eine genaue Diagnose stellen und die Mundmotorik beurteilen. Entscheidend ist, dass bereits jetzt ein guter Lippenschluss trainiert werden sollte. Liegt offensichtlich eine Kiefer-Zahnfehlstellung vor, empfehle ich die Vorstellung bei einem Kieferorthopäden oder kieferorthopädisch tätigen Zahnarzt.

Die langjährige Erfahrung zeigt allerdings, dass Zahnärzte und Kieferorthopäden das Kind und die Eltern immer noch häufig mit dem Hinweis *„Es ist zu früh."* nach Hause schicken. Die kieferorthopädische Frühbehandlung ist zwar erwiesenermaßen wirksam, aber für den Arzt finanziell unattraktiv. Was er aber machen kann, um dem Kind zu helfen: In begründeten Fällen wird er eine Mundvorhofplatte (MVP) zum Training des Lippenschlusses, zum Abgewöhnen des Daumenlutschens und zur Verhinderung weiterer Kieferzahn-Fehlstellungen anpassen. Durch diese MVP wird auch ein falsches Schluckmuster (mit Zungenstoß nach vorn beim Schlucken) günstig beeinflusst. Die korrekte Rückverlagerung der Zunge an den Gaumen überprüfe ich dann erst ab dem siebten Geburtstag.

Ein guter Lippenschluss, das richtige Schlucken an den Gaumen und eine Regelbisslage, die gegebenenfalls durch kieferorthopädische Behandlung erreicht wird, sorgen für eine gute Aussprache der Zischlaute. Auch der so genannte Sigmatismus lateralis („zur Seite"), d.h. eine schlürfende „Sch-Z-S"-Aussprache in die Wange hinein, kann noch sehr gut nach dem Abschluss des Regelbisses durch Korrektur der Luftführung abgebaut werden. Die Kinder machen dann auch deswegen besonders gut mit, weil sie nicht mit offenem Mund „dumm aussehen" wollen, sondern langsam eitel werden und richtig sprechen möchten.

Spielend korrigieren und verinnerlichen

Bewegung und Grobmotorik, Wahrnehmung und Feinmotorik

Sprache (Wortschatz, Lautbildung, Satzbildung und Grammatik) wächst durch ihren Gebrauch in unterschiedlichen Spiel- und Alltagssituationen, besonders in den Bereichen, die Ihrem Kind Spaß machen. In der Freizeit sollte es sich beim Fangenspielen und anderen gemeinsamen Aktivitäten austoben. Wenn aber dann nach Regeln gespielt wird, muss Ihr Kind bestimmten Aufforderungen nachkommen und sich in der Gruppe festgelegte Sprüche merken – z.B.: *„Fischer, wie tief ist das Wasser?"* und *„Wie kommen wir über das Wasser?"* Antwort: *„Geht rückwärts!"* oder: *„Auf einem Bein hüpfend!"*.

Sie finden diese und andere Bewegungsspiele in neu aufgelegten Büchern mit Liedern, Finger-, Hüpf- und Geschicklichkeitsspielen, die kindgerecht einfach gestaltet und mit bunten Bildern illustriert sind (z.B. *„Zehn kleine Krabbelfinger"*). Übrigens: Rückwärts gehen, auf einem Bein stehen und hüpfen oder der „Hampelmann-Sprung" sind Bewegungsfolgen, die in der Schulreife-Untersuchung überprüft werden. Und da wollen Sie und Ihr Kind doch glänzen.

Auch die Feinmotorik wird in diesem Alter immer differenzierter, beim Sprechen wie auch beim Malen. Es ist jetzt lange geklärt, ob Ihr Kind ein Rechtsoder ein Linkshänder ist. Üben Sie ohne Zeitdruck den „Pinzettengriff" als richtige Stifthaltung, aber behindern Sie nicht die ideenreichen Malkünste Ihres Nachwuchses. Achten Sie darauf, dass die gemalte Figur jeweils fünf Finger hat. Falls sich Ihr Kind für Buchstaben interessiert, kann es schon selbst seinen Namen auf das Bild schreiben. Aber gemach: Interesse an Buchstaben entwickelt sich oftmals erst im letzten Halbjahr vor der Einschulung mit sechs Jahren – was durchaus gegen einen immer früheren Schulbeginn spricht. In Schweden zum Beispiel beginnt die Schulpflicht erst mit sieben Jahren. *„Bullerbü"* lässt grüßen.

Sehen, Denken, Fühlen

Man weiß heute, dass ein Kind über die „Schriftsprache" eine weitere Differenzierung seines sprachlichen Ausdrucks erreicht. Deshalb sollten Sie Ihr Kind

140

im letzten Jahr vor der Einschulung neugierig auf die Welt der Buchstaben machen. Aber wie? Es macht keinen Sinn, die Buchstaben vor der Schule bereits zu „pauken". Ihr Kind würde sich in der Schule langweilen, abschalten und schlechte Noten bekommen.

Ein Hör- und Sehspiel mit Namen, die Ihr Kind interessieren, weckt sein Interesse für Schreiben und Lesen, z. B.: *„Die ‚Mama‘ fängt mit ‚M‘ an. Und womit fängt dein Name an? Mit ‚M‘ wie Maria."* Schreiben Sie *„Mama"* und *„Maria"* auf ein Blatt Papier. *„M"* wird rot gemalt. Überall, wo es jetzt ein „M" entdeckt – auf dem Märchenbuch, in Überschriften, oder bei gehörten Wörtern – fängt es an zu erkennen und zu lauschen. Das erfordert einige Aufmerksamkeit. Loben Sie deshalb Ihr Kind für diese Leistung. Es wird dann weiter wissen wollen, wie das *„O"* bei *„Oma"* aussieht und das *„P"* bei *„Papa"*. Folgen Sie dem Lernrhythmus und der Wissbegier Ihres Kindes. Aber gehen Sie nicht voreilig vor – und „trichtern" Sie ihm keinesfalls zuviel ein.

Ich hatte vor kurzem ein Telefonat mit einer Lehrerin. Sie beklagte sich, dass mehr als ein Drittel ihrer Erstklässler schon vor der Schule lesen gelernt hat und andererseits zwei Drittel der Kinder frustriert hinterherhinken. Die vorgeübte „Elite" langweile sich und störe den Unterricht. Dadurch sei ein ruhiger Unterricht nicht mehr möglich. Sie habe alle Hände voll zu tun, die „Überflieger" selbständig zu beschäftigen und zusätzlich die Langsameren zu motivieren. Die Schnelleren fordern den Lehrer also zusätzlich zu den langsameren Lernern.

Als Eltern sollten Sie Ihr Kind nicht übereifrig und überehrgeizig auf Höchstleistung trimmen. Erhalten Sie und fördern Sie einfach seine natürliche Neugier. „Tuning" gehört ja schließlich auch weniger in die Kindererziehung als vielmehr in den Motorsport.

ALLTAGSBEWÄLTIGUNG, SELBSTÄNDIGKEIT, SELBSTREGULIERUNG

Ihre Basiskompetenz im Sprechen lernen Kinder in Alltags-Situationen mit täglicher Kommunikation – also in der Familie, im Kindergarten und beim Spielen mit anderen. Zur Alltagsbewältigung eines Kindes gehört vom Vorschulalter an, dass es weiß, was mit Sprache alles vermittelt wird und wie es das macht. Ihrem Kind geht es ebenso wie uns Erwachsenen: Was seinen Interessen, Vorlieben und Bedürfnissen entspricht, lernt es leicht und schnell. Es wird dann zum Fragen angeregt und von sich aus aktiv. Eltern sollten diesen Aktionsdrang ihres Kindes sinnvoll steuern. Sie können es beispielsweise so machen, dass Sie Ihrem Kind erst sein Lieblingsmärchen erzählen, nachdem es sich die Zähne geputzt hat. Wenn es sich die Hände gewaschen hat, darf es selbst den Salat anrichten. Kinder helfen normalerweise gern – wenn sie gelobt werden und Anerkennung finden.

Auch die Fähigkeit, eine gewisse Ordnung zu halten, um Kleidungsstücke oder Spielzeug schnell zu finden, erscheint einem Kind einsichtig, ebenso der Umgang mit Messer und Gabel, weil es von Ihnen weiß: *„Sonst können wir auf dem Ausflug nicht essen gehen."* Das funktioniert auch in der Verkehrserziehung: *„Zeigt die Ampel rot, musst du warten!"* kann auf dem Ausflug auf vergnügliche Weise geübt werden, ebenso die Begriffe *„Erst nach links, dann nach rechts gucken und dann noch einmal nach links."*

Das Telefon bedienen, kleine Aufträge erledigen – wie Einkaufen von drei Teilen – der erste Umgang mit Geld und Zahlen erfüllen Ihr Kind mit Stolz. Es traut sich etwas zu und wird immer selbständiger. Aus dem Handeln heraus und ohne Druck – ganz nebenbei – erweitern sich Sprachverständnis, Wortschatz, Kommunikation und soziale Kompetenz Ihres Kindes.

Schon Vier- und Fünfjährige zeigen soziale Kompetenz, indem sie freundlich grüßen oder älteren Menschen etwas aufheben, das heruntergefallen ist. *„Bitte, Sie haben etwas verloren."* Normalerweise wird einem freundlichen Kind auch viel Freundlichkeit und Sympathie entgegengebracht, wodurch es angespornt wird, immer ein klein wenig mehr von sich zu erwarten. Aber auch bei gelegentlich fehlender positiver Resonanz muss Ihr Kind lernen, mit seiner Enttäuschung fertig zu werden: *„Mama, die hat nicht mal danke gesagt."* Mutter: *„Jetzt bist du bestimmt wütend. Trotzdem hast du das gut gemacht."* So ein direkter Erfahrungsaustausch wirkt beruhigend auf ein empörtes und verunsichertes Kind. Seine „Frustrations-Schwelle" wird dadurch erhöht – und es wird selbstsicherer.

Ist Ihr Kind etwas unbeherrscht, ein kleiner „Wüterich", dann muss es lernen, sich allmählich an die Regeln der Gesellschafts- und Rollenspiele zu gewöhnen. Es muss konsequent erfahren: Sonst darf es nicht mitspielen und nur zuschauen. Nach einigen vorprogrammierten Tobsuchtsanfällen wird es sich einordnen und die Regeln lernen.

Ganz anders ist es bei sehr schüchternen Kindern: Im Rollenspiel gibt es auch für sie reichlich Gelegenheit, sich sprachlich zu üben, z. B. in Spielen wie

„Vater, Mutter, Kind", oder „Kranker Patient". Nur wenn der kleine „Softie" mit dem „Wüterich" zusammen kommt, kann es kritisch werden. Aber vielleicht profitieren beide ein bisschen davon. Gegensätze ziehen sich bekanntlich an. Mein erster Freund im Vorschulalter – ich war eher zurückhaltend – imponierte mir gerade deshalb, weil er ein echter Draufgänger war.

VOM „PERSÖNCHEN" ZUR PERSÖNLICHKEIT

Was kann man als Eltern überhaupt leisten, um sein Kind optimal zu fördern? Das Elternhaus sollte sicher keine verschulte Einrichtung sein, aber dem Kind gewisse lernmethodische Kompetenzen mit auf den Weg geben. Darunter ist insbesondere die Sprachkompetenz die Fähigkeit, die mitentscheidend ist über den gesamten Lebenserfolg – den Schulabschluss, Bildungsweg und die spätere Karriere Ihres Kindes.
Sprachliche Kompetenz ist ein aktiver und dynamischer Prozess, der durch Übung und Wiederholung in immer neuen anregungsreichen Situationen erweitert und gefestigt wird. Dazu gehören das Erzählen beim gemeinsamen Essen, der Stuhlkreis im Kindergarten, das Vortragen von Fürbitten, Liedern, Gedichten oder kleinen Theaterstücken vor einem „Auditorium". All diese Gelegenheiten gewöhnen Ihr Kind daran, in der Schule und später dann im Berufsleben Referate vorzutragen, vielleicht sogar Seminare zu halten.

SPRACHLICHE KOMPETENZ:
KOMMUNIZIEREN, MERKEN, KONZENTRIEREN

Vergegenwärtigen wir uns: Sprechen lernt Ihr Kind durch Sprechen und Austausch. Es lernt, sich auf den Inhalt zu konzentrieren und behält das Gesagte durch Übung und Wiederholung in verschiedenen Gesprächs-Situationen. Sehr hilfreich für die Entwicklung der sprachlichen Kompetenz ist das Vorlesen, Durchspielen, Malen und Nacherzählen von Tierfabeln, wie z. B. „Der Löwe und die Maus." Ansprechende, kindgerechte (nicht zu abstrakte) Illustrationen erhöhen die Vorstellungskraft und Merkfähigkeit Ihres Kindes.
Spielen und Lernen können ruhig als anstrengend erlebt werden – sollten sich aber angstfrei und ohne Druck entwickeln. Gehen Sie ruhig fragend vor, um das Sprachverständnis Ihres Kindes abzusichern und den sprachlichen Inhalt

in seinem Gedächtnis zu verankern. So bringen Sie Struktur und Ordnung in seine Erzählung. Auch die Grammatik, das Einhalten regelmäßiger und unregelmäßiger Vergangenheitsformen wird auf diese Art und Weise geübt.

Dann kann auch dem Freund, der Oma oder dem Vater die Geschichte vorgetragen werden. Ein ehrliches Lob und ein Kuss sind für Ihr Kind die schönste Anerkennung. Spielen und Sprechen verbinden die ganze Familie.

SPASS IM ALLTAG: SPRACHSPIELE FÜR DAS FÜNFTE UND SECHSTE LEBENSJAHR

Im letzten Kindergartenjahr vor der Schule nehmen das Denken und Lernen einen größeren Stellenwert ein. Der Grundstock für das Lesen, Schreiben und Rechnen wird gelegt. Manche Eltern denken mit gemischten Gefühlen an ihre eigene Schulzeit zurück. Sie berichten, dass sie als Kind eine Lese-Rechtschreibschwäche (Legasthenie) oder eine Rechenschwäche (Dyskalkulie) hatten.

So bekannte eine erfolgreiche Kunst-Restauratorin, deren Sohn wegen einer „Sch"-Schwäche bei mir eine Kurztherapie von sechs Sitzungen erhielt: *„Ich habe während der Schulzeit sehr unter meiner Legasthenie gelitten. Gibt es bestimmte Übungen oder Vorschulprogramme, um meinem Sohn dieses Schicksal zu ersparen?"*. Eine von mehreren möglichen Ursachen ist bei Legasthenikern das beeinträchtigte „Phonologische Arbeitsgedächtnis". Konkret bedeutet das, dass die Kinder erhebliche Schwierigkeiten haben, mehrsilbige Unsinnswörter („Kunstwörter") zu behalten und richtig nachzusprechen (z. B. „Risolamu"). Hinzu kommt, dass das Unterscheiden gehörter klangähnlicher Silben bei ihnen unterentwickelt ist.

Aber nicht alle Kinder, die diese als „Teilleistungsstörung" umschriebenen Defizite haben, entwickeln auch eine Legasthenie. Es müssen noch andere Faktoren zusammentreffen, die dann zusammen eine Störung in der Schriftsprache bewirken. Das können in schweren Fällen Vererbungsfaktoren sein, die sich zwar nicht aufheben, aber durch spielerisches Üben abschwächen lassen. Und was Sie sicher beruhigen wird: In den allermeisten Fällen muss es nicht zu einer Lese-Rechtschreibschwäche kommen, d. h. den meisten Kindern – auch denen, die eine Anlage ererbt haben – bleibt dieses Problem erspart.

Man will ja nur das Beste für sein Kind: Im Vorschulalter ist die Gefahr groß, sein Kind mit Übungen zu überfrachten. Nicht die Menge macht es – gehen Sie sparsam, aber gezielt damit um.

Zwei Vorausläufer für den Schriftspracherwerb können Sie spielerisch trainieren, um den Schulstart zu erleichtern: das konzentrierte Hinhören auf Wortendungen, die sich reimen, wie *„Fee reimt sich auf...See“* und das Zergliedern von Wörtern in Silben und Anfangsbuchstaben durch Silbenklatschen „B-lu-me“. Die B-lu-me fängt mit „B“ an. Am besten machen Sie dabei mit Ihrem Kind einen Spaziergang. Ein Naturerlebnis und passend dazu die Übung der auditiven Distinktionsfähigkeit (Unterscheidungsfähigkeit beim Hören) hinterlassen allmählich Gedächtnisspuren, so dass es Ihrem Kind immer leichter fallen wird, den Anfangslaut herauszuhören.

Neben der bewussten Wahrnehmung von Gesprochenem ist das Gedächtnis für Sprache entscheidend. Lesen Sie viel vor, aber beobachten Sie die Aufmerksamkeits-Spanne Ihres Vorschulkindes. Ansprechende Illustrationen zum Text verlängern seine Konzentration und Ausdauer. Erzählen Sie ihm Märchen und Geschichten. Lassen Sie Ihr Kind dazu malen und beispielsweise die Tierfabel *„Der Löwe und die Maus“* (mit Zwischenfragen als Gedächtnisstütze) nacherzählen. Das fördert sein Gedächtnis und sein Sprach- und Denkvermögen. Das aufmerksame Zuhören lässt in seinem Kopf Bilder entstehen. Seine Phantasie und Vorstellungskraft werden aktiviert – und dadurch das Behalten von Begriffen und Situationen.

Zum Speichern von Inhalten gehört mindestens eine Wiederholung. Deshalb lieben Kinder Wiederholungen, insbesondere bei Lieblingsmärchen. Kinder geben aber anschließend nur das wieder, was ihre Neugierde und ihr Interesse weckt und mit ihren bisherigen Erfahrungen und ihrem Wissen verknüpft werden kann.

Kinderbücher und Sprachspiele im Vorschulalter, die Kinder gern mögen, fördern Erzählen, Ausdruck, Wortschatz, Satzbau, logisches Denken und visuelle Wahrnehmung. Beispiele dafür finden Sie am Ende dieses Buches im Info-Magazin.

Symbole und Buchstaben erkennen und benennen

Im letzten Jahr vor der Schule interessiert sich Ihr Kind zunehmend für Schriftzeichen und kann mit der bevorzugten Hand die ersten Buchstaben nachmalen, bis es durch Übung voller Stolz seinen eigenen Namen auswendig schreibt. Mit Ihrer Hilfe identifiziert es die einzelnen Buchstaben seines Namens und findet mit Ihnen zusammen Reimwörter – z.B.: *„Maus“* reimt sich auf *„Haus“*.
Spielen Sie zusammen Anfangsbuchstaben heraushören: *„Dein Name Marvin*

fängt mit „M" an, und die Maus fängt auch mit „M" an. Welche Wörter fangen noch mit „M" an?". Geben Sie ruhig die Antwort mit, z. B. *„Mama und mein Name Maria!".* So hört sich Ihr Kind in die Buchstabenwelt hinein. Beim Einkaufen (das dauert jetzt entsprechend länger) wird es so manchen Buchstaben wiedererkennen und vertiefen, so dass es den dann auswendig schreiben oder nachzeichnen kann.

Im ersten Schuljahr lernt es die meisten restlichen Buchstaben. Jedes Kind in diesem Alter ist stolz, wenn es schon ein bisschen schreiben kann. Es kommt halt auf die Dosierung an: Ein „bisschen schreiben" macht neugierig und Lust auf mehr. Und das sollte dann in der Schule ausgelebt werden.

Es gibt auch Kinder, die sich wegen ihrer noch verkürzten Behaltens-Spanne nicht an das Nachzeichnen von Buchstaben heranwagen. Es ist dann besser, sie nicht zu drängen „mehr Gas zu geben". Die nötige Aufmerksamkeit und das Gedächtnis können Sie gemeinsam mit ihrem Kind trainieren. Diese Fähigkeiten entwickeln sich ohnehin weiter, besonders zwischen dem sechsten und zehnten Lebensjahr. Bleiben Sie also geduldig und singen Sie mit Ihrem Kind Lieder wie: *„Der Mai ist ge-kom-men, die Bäu-me schla-gen aus."* Dabei klatschen Sie zusammen mit ihm nach jeder Silbe in die Hände. Ihr Kind nimmt so die Wortteile und ihre Struktur besser wahr. Außerdem reimen sich die Lieder, was ihm das Einprägen sehr erleichtert.

Nach neuen Erkenntnissen beschränkt sich das sprachliche Wissen von Vorschulkindern ohnehin zunächst auf größere phonologische Einheiten unterhalb der Wortebene, also auf Silben, Reime und Anfangsbuchstaben. Hier können Sie gut ansetzen und die passenden Spiele anbieten: Singt ihr Kind noch nicht so gern, kombinieren sie kleine Gedichte mit Fingerspielen. (z. B. in *„Zehn kleine Krabbelfinger"* genau beschrieben). Auch heute noch mögen Kinder die sehr realistisch gemalten Zwerge *„Himpelchen und Pimpelchen".*

Nach dem fünften Lebensjahr sollte Ihr Kind die Begriffe: „Dreieck, Viereck, Kreis" beherrschen, ihnen die richtigen Symbole zuordnen und sie auswendig malen können. Es sagt jetzt nach Aufforderung sicher seinen Vor- und Zunamen und seine Adresse mit der Hausnummer. Wenn es die mehrstelligen Zahlen noch nicht behält, dann prägt es sich leichter eine Folge von Einzelzahlen ein, beispielsweise „1-7-3".

Die Behaltens-Spanne für solche Zahlenreihen trainieren Sie mit ihm am besten anhand der eigenen Telefonnummer. Bei der Schuleignungs-Untersuchung muss Ihr Kind zudem noch einen Mann mit fünf Fingern (kein Strichmänn-

146

chen!) zeichnen und Reimwörter erkennen. Darauf gut vorbereitet, ist für sein Sprachverständnis die Anweisung: *„Was reimt sich auf..."* dann kein Problem mehr – und Sie können die Sache ganz entspannt angehen.

Erstes Wörterlexikon

Ein spezieller Kinderduden ist übersichtlich mit dick gedruckten Wörtern gegliedert und mit zugeordneten klaren Abbildungen versehen. Ihr Kind erweitert damit beim Anschauen nicht nur seinen Wortschatz, sondern bekommt auch schon einen ersten Einblick in das Schriftbild: Alles, was mit „A" anfängt, steht zusammen, usw. Aber gehen Sie besser nicht nach dem Alphabet vor, eher nach der Interessenlage Ihres Kindes.

Verweilt es länger bei „Tiger", so sagen Sie: *„T-"* wie *„T-iger"*. Auch hier gilt: Weniger ist mehr. Mehrmals in der Woche fünf Minuten „Hör- und Sehschule" hinterlässt mehr Gedächtnisspuren als einmal viel Zeitaufwand – und dann aus lauter Überdruss nichts weiter gelernt. Neu Erlerntes muss dabei stets in andere Zusammenhänge eingeordnet werden. Konkret kann das z.B. bedeuten: Wo der Tiger lebt, was er frisst, welche anderen Raubtiere es gibt, oder wie die passende Abenteuergeschichte dazu geht. Wiederholung allein reicht zur Wissensspeicherung allerdings nicht aus. Die Verknüpfung und Einbettung in Zusammenhänge und bereits bekannte Szenarien und Fakten sind entscheidender für den Lernerfolg.

Zahlen erkennen am Wert einer Geldmünze

Vorschulkinder lernen noch zweckgebunden. Aus Würfelspielen wie *„Mensch, ärgere dich nicht"* können sie jetzt auf Anhieb die Menge aus vier oder bis zu sechs Punkten erkennen und benennen. In der Schuluntersuchung bekommt Ihr Kind nun zwei Würfel mit unterschiedlicher Punktzahl, die es benennt und durch Zusammenzählen addiert. Also: *„5 und 5 sind?"* – *„Eins, zwei, drei, vier, fünf, sechs, sieben, acht, neun, zehn"* zählt Ihr Kind die Würfelpunkte ab. Ist doch nicht schwer, oder?

Besitzt Ihr Kind schon eine Mengenvorstellung, können Sie ihm zur Belohnung kleine Geldmünzen schenken. Dafür lohnt es sich schon zu arbeiten: Für 1 Cent bekommt man wenig, für einen Euro mehr. Die Zahl 10 lässt sich in Form einer 10 Cent-Münze besser einprägen, besonders beim Einkaufsspiel an der Kasse. Ihr Kind lernt schnell, dass man für einen Euro mehr kaufen kann als für zehn Cents. Wie meinte der Hirnforscher *Manfred Spitzer* dazu: *„Die*

Vielfältigkeit der vor der Schule gemachten Erfahrungen steigert die Intelligenz und allgemeine Lernfähigkeit." – Also schenken Sie Ihrem Kind genug Erfahrungen – die kosten in dem Alter ja noch nichts oder nur wenig.

Sie werden Ihrem Kind einen guten Schulstart ermöglichen, wenn das Lernen interessant bleibt und allzu viel Unlust erzeugendes, vorauseilendes „Pauken" unterbleibt. Ihr Kind ist von Natur aus neugierig und merkt sich genau das am besten, was es fürs Leben braucht.

VARIANTEN DER SPRACHENTWICKLUNG IM FÜNFTEN UND SECHSTEN LEBENSJAHR

Nach dem fünften Geburtstag, also im letzten Jahr vor der Schule, wird die Aussprache auch für die so genannten „späten", also die schwierigeren Laute zunehmend leichter. Die Vorschüler folgen jetzt williger den Anweisungen des Therapeuten zur Anbildung des „K- G" und zur Lautunterscheidung bei „Kartoffel". Ebenso schnell geht es bei den letzten Lauten in der Sprachentwicklung: dem „Sch" und „Ch1" (wie „ich"). Bei einer Reihe von Kindern bilden sich die schwierigeren Laute zwischen dem fünften und sechsten Lebensjahr auch ohne therapeutische Unterstützung. Das vorauszusehen ist allerdings nicht immer sicher möglich und auch nicht mehr erforderlich: Kaum ein Kind bekommt heute noch die Gelegenheit diese spontane Bildung abzuwarten, ohne dass es in den Genuss einer Therapie kommt.

In dieser Zeitspanne sammelt das Kind weiteres sprachliches Wissen. Der Wortschatz, auch die Haupt- und Nebensatzbildung und die korrekte Grammatik nehmen gerade zwischen dem fünften und sechsten Geburtstag zu. Kinder, die bis zu diesem Zeitpunkt nicht sehr erzähl- und kommunikationsfreudig erschienen, legen bei geduldiger sprachlicher Anregung in Form lustiger Bilderserien oder dem Nacherzählen von Tierfabeln sprachlich auffallend schnell zu. Sehr schüchterne Kinder – auch diejenigen, die bisher auf Aufforderung nur sehr leise oder gar keine Antwort gaben – werden durch kontinuierliche sprachliche Weiterentwicklung und Übernahme kleiner Aufgaben aufgeschlossener, sicherer und damit hörbar lauter.

Sehr sensible, ängstliche Kinder bekommen sprachliche Sicherheit in Rollenspielen, beim Erzählen und Nacherzählen. Redeunflüssigkeiten lassen nach, wenn sich diese Kinder ganz allmählich zutrauen, vor einer Gruppe Theater zu spielen, ein Gedicht aufzusagen oder ein Lied zu singen. Wenn ihre Allgemeinentwicklung unauffällig ist und die Eltern ihnen etwas zutrauen (und das auch zeigen!), laufen sie ebenfalls zur Hochform auf – aber etwas später.

Der fünfjährige **Robert** *kann ausgerechnet sein Initial, also den Rachenlaut „R",
nicht sprechen, obwohl der Laut in diesem Alter bereits von den allermeisten Kindern beherrscht wird. Er nimmt es sich so zu Herzen, dass er selbst dem Kinderarzt bei der U8 mit vier Jahren nur leise und zögerlich antwortet. Er ersetzt das „R" durch ein „H". Dafür spricht er schon sämtliche Laute, auch die so genannten „schweren" Laute. Die Mutter versichert, dass Robert zu Hause Haupt- und Nebensätze verwendet, in anderer Umgebung aber nicht. Obwohl der Junge nur einen einzigen Laut, das „R", nicht beherrscht, wirkt es sich sehr auffällig auf die Aussprache aus, weil der „R"-Laut in vielen Wörtern verkommt.*

Natürlich begreift der Junge nicht, dass so viele über seinen Namen lachen. Und so verstummt er außer Haus. Der Kinderarzt verordnet bei dieser Einzellaut-Störung, die mit vier Jahren noch normal ist, ausnahmsweise jetzt schon Sprachtherapie. Aber offenbar zu früh. Vierzig Sitzungen erhält der Junge zwischen dem vierten und fünften Geburtstag. Bei der U9 kann er das „R" immer noch nicht. Nach einer Therapiepause von einem halben Jahr und einem anschließenden Therapeutenwechsel lernt er dann innerhalb von vier Sitzungen – und begleitet von häuslichem Alltagstraining – über ein weiteres halbes Jahr verteilt das leidige „R". Warum so spät? Ein Grund für die richtige Aussprache ist, dass mit zunehmendem Vorschulalter das Nervensystem immer feinere und differenziertere Bewegungen steuern kann. Das wirkt sich auch auf die Schlundmuskulatur aus. Und die Folge: Zu diesem jetzt richtigen Zeitpunkt kann ich ihm das „R" dann leicht anbilden und es in häuslichen Übungen und Nacherzählungen automatisieren lassen. Stolz schreibt die Mutter, dass die Schuluntersuchung gut gelaufen sei.

Stolpersteine: Risiken der Sprachentwicklung im fünften und sechsten Lebensjahr

Um nicht das Risiko einzugehen, dass ein Kind eine Sprachstörung noch bis in die Schulzeit hinein beibehält, wird der behandelnde Kinderarzt, der HNO-Arzt, der Kieferorthopäde und – wo vorhanden – auch der Facharzt für Phoniatrie/Pädaudiologie bei einer einzelnen Lautbildungs-Störung spätestens mit fünfeinhalb Jahren eine Verordnung für Sprachtherapie ausstellen, bei mehreren betroffenen Lauten wird das eher geschehen. Als Faustregel kann derzeit gelten, dass bei etwa zehn Prozent der Kinder nachgeholfen werden muss, weil die Sprachstörung nicht nach und nach von selbst verschwindet.

Häufige Aussprache-Störung „Sigmatismus"

Bei Sigmatismus lateralis, einem schlürfend seitlich in der Wange oder im Mundwinkel gebildeten „Z"-, „S"-, „Ch1"- oder „Sch"-Laut tritt in der Regel spontan keine Besserung ein. In einem solchen Fall wird eine Therapie nach dem fünften Geburtstag eingeleitet.

Beim Sigmatismus interdentalis, dem bekannten „Lispeln", hilft überwiegend folgendes: Sie achten – wann immer möglich – darauf, dass Ihr Kind mit geschlossenem Mund spielt und herumläuft. Ist sein Mund häufig geöffnet und ist Ihr Kind ein „Mundatmer" (im Gegensatz zum normalen „Nasenatmer"), dann lassen Sie es beim HNO-Arzt untersuchen. Er wird unter anderem auf Polypen (vergrößerte Rachenmandeln, manchmal auch Nasenpolypen) achten und Ihnen das weitere Vorgehen empfehlen.

Ist die Nasenatmung nicht behindert, trainieren Sie mit Ihrem Kind den Lippenschluss. Zur Erinnerung: Beim Vorlesen oder Fernsehen hält es mit gefetteten Lippen eine Backoblate fest. Oder es hält so lange wie möglich einen kleinen Schluck Wasser im Mund. Zum Lippentraining eignet sich auch eine Lakritzschnecke, die mit den Lippen in den Mund befördert wird. Danach werden die Zähne geputzt: *„Der Mund bleibt eine saubere Stube."* Karies und Parodontose bleiben gefälligst draußen.

Geben Sie Ihrem Kind im Alltag immer dann ein gezieltes Zeichen, wenn ihm wieder einmal der Unterkiefer herunterfällt. Sie machen es ihm vor: ein Nasenloch zuhalten, Luft durch das freie Nasenloch hochziehen. Wenn man es ein wenig übt, dann klappt der Unterkiefer automatisch zu. Auch wenn es manchmal lästig ist: Bleiben Sie ein Jahr lang konsequent und geduldig.

Hat sich durch die Mundatmung und durch zu langes Schnullern oder Daumenlutschen der Kiefer bereits verformt, stellen Sie Ihr Kind schon mit fünf Jahren einem Kieferorthopäden vor. Auch zu diesem Zeitpunkt noch bringt das Training mit der Mundvorhofplatte (MVP) den Lippenschluss und schließt langsam den offenen Biss. Die Zunge wird durch den Lippenschluss in die richtige Position an den Gaumen verlagert. Das ist die Grundvoraussetzung für eine gesunde Kieferentwicklung und zum Abbau des „Lispelns" nach dem Zahnwechsel.

DYSGRAMMATISMUS

Aufgrund eines familiären Sprachschwächetypus kann trotz häuslicher Förderung in wenigen Fällen die Behaltens-Spanne für die Satzbildung sehr verkürzt sein. Es treten immer noch Satzverdreher, Auslassungen oder gehäuft falscher Gebrauch von Artikeln und Vergangenheitsformen auf. Das Kind spricht dann keine ganzen Haupt- und Nebensätze. In solchen Fällen ist eine zusätzliche störungsspezifische Sprachtherapie erforderlich. In der Regel beugen Sie aber bereits durch die in diesem Buch vorgeschlagene häusliche Förderung zum besseren Sprechen den Satzbildungs- und Grammatikstörungen ausreichend vor. In gravierenden Fällen wird durch Ihre Förderung die Sprachtherapie sogar erheblich verkürzt, weil Sie dadurch schon eine Basis vorbereitet haben. Kinder mit schwerem Dysgrammatismus brauchen verstärkt Wiederholungen in immer neuen Varianten, um die eingeschränkten Wahrnehmungs- und Verarbeitungskapazitäten für Sprache auszuschöpfen. Gerade Vorschulkinder nehmen die für sie recht anspruchsvollen Übungen als Vorbereitung auf die Schule zu diesem Zeitpunkt gern an, sofern ihre Allgemeinentwicklung normal verläuft.

STOTTERN

Nicht jedes Stottern eines Dreijährigen wächst sich zu einer Störung aus, die behandelt werden muss. In einer Stotterer-Elternberatung finde ich gemeinsam mit den Bezugspersonen die Kommunikations- und Alltagssituationen heraus, in denen das Kind wenig stottert oder phasenweise flüssig spricht. So stottert ein Kind beim Rollenspiel am Kaufladen oder mit der Ritterburg nur wenig oder gar nicht, weil es kurze Fragen und Antworten geben darf. Bei Alternativ-fragen: *„Möchtest du einen Apfel oder eine Banane?"* stottert es ebenfalls nicht. Ich zeige den Eltern den stützenden Dialog mit ihrem Kind, damit es gar nicht oder immer weniger stottert und Selbstvertrauen in sein Sprechen bekommt. Ich beobachte auch das Dialogverhalten zwischen Eltern und Kind und gebe positive Rückmeldung, welches Elternverhalten dem stotternden Kind hilft. Eltern müssen nach ihrer anfänglichen Verunsicherung durch das Stottern wieder Sicherheit und Selbstvertrauen im Umgang mit ihrem Kind bekommen. Redeunflüssigkeiten verschwinden meistens in einer entspannten stressfreien Atmosphäre, bei entsprechendem geduldigen Zuhören, vielen spielerischen Zwiegesprächen, Liedern und Bildergeschichten von allein. Bei zunehmender Sprechsicherheit des Kindes stellen die Eltern immer weniger Fragen zur sprachlichen Unterstützung und lassen es frei reden.

Manche Kinder „reden wie ein Buch", sodass sie sich mit Silben- und Wort-wiederholungen überschlagen – bis hin zur Wortblockade, die sie dann durch Anstrengung lösen wollen. Bei angestrengtem Sprechen Ihres Kindes sollten Sie sich kompetenten Rat vom Kinderarzt und Sprachtherapeuten holen.

Sind keine Sprachdefizite die Ursache, verschwinden Sprechunflüssigkeiten zwischen dem dritten und sechsten Lebensjahr bis zur Einschulung im Alter von sechs Jahren. Bei etwa vier Prozent dieser Kinder bleibt das Stottern trotz Beratung (in der Regel bis zu zehn Therapiesitzungen mit Mutter und Kind von Stotterbeginn an) im Vorschulalter bestehen. Es gibt nach wie vor keine gesicherte Vorhersage, ob das physiologische Stottern in ein chronisches übergeht. Und es gibt auch keine gesicherte Stottertherapie für Kinder im Vorschulalter. Hat ein Kind ein bestimmtes Entwicklungsalter erreicht, kann man mit ihm gezielt an seinem Störungsbild arbeiten. Gute Erfolge zur Regulierung des Re-deflusses erziele ich beim Lesen- und Schreiben-Lernen. Die Selbstsicherheit des Kindes nimmt zu, weil es etwas gut kann. Das gilt übrigens in jedem Le-bensalter: Ich habe erwachsene Stotterer erlebt, die nach ihrem 18. Geburtstag das Stottern bis zur Unauffälligkeit reduzieren konnten.

Bei jedem stotternden Kind muss herausgefunden werden, wo seine Stärken lie-gen, was es gut kann. Die Selbstbestätigung durch die Erfüllung sinnvoller Auf-gaben im Privat- und Berufsleben und zunehmende sprachliche Erfahrungen wirken sich positiv auf den Redefluss aus. Auch professionelle Redner geben zu, dass sie erst durch viele Vorträge und viel Kommunikation eine gewisse Gelassenheit und Redegewandtheit entwickelt haben. Und die lebenslange Prognose? Nur ein Prozent aller Erwachsenen behält das Stottern bei – vermutlich als Folge eines Vererbungsfaktors, der bis heute nicht erforscht ist.

Celinay, die bis zum vierten Geburtstag dreisprachig (türkisch, englisch, deutsch) aufwächst, kommt trotz vielfältiger häuslicher Anregungen sehr zähflüssig in die deutsche Sprache. Im Deutschen hat sie einen schweren Dysgrammatismus und eingeschränkten Wortschatz. Sie holt aber im richtigen Entwicklungsalter und mit unterstützender Intervalltherapie (d.h. mit Therapiepausen und häuslichen Übungen) bis kurz vor ihrem sechsten Geburtstag auf und ist dann auch sprachlich schulreif. Trotz schwerer Sprachdefizite hat sie allerdings nie gestottert und kann zu diesem Zeitpunkt sprachliche Äußerungen in der Lautbildung und Grammatik richtig anwenden.

Erst nachdem die Sprachtherapie erfolgreich beendet ist, bekennt die glückliche, gut deutsch sprechende Mutter: „Ich lebte 18 Jahre in der Türkei und hatte vor der Einschulung nie den Kindergarten besucht. Ich wurde niemals gefördert, habe vor der Schule auch schlecht türkisch gesprochen und als Kind sogar gestottert. In der Schule habe ich mir selbst das Lesen und Schreiben beigebracht und wurde dann eine gute Schülerin. Zum Schluss habe ich sogar Medizin studiert, und jetzt arbeite ich als Ärztin hier in Deutschland." Ich war ehrlich gesagt so überrascht, dass ich glatt vergaß zu fragen, in welchem Alter sie das Stottern überwunden hatte.

SPRACHENTWICKLUNG UND AUFMERKSAMKEITS-DEFIZIT-SYNDROM (ADS)

Kindern mit ADS fällt es schwer sich zu konzentrieren. Die vielen optischen und akustischen Eindrücke, denen jeder Mensch pausenlos ausgesetzt ist, können ADS-Kinder nicht richtig verarbeiten. Aus der Flut von Impulsen können sie nicht das Wichtige herausfiltern und das Unwichtige beiseite schieben. Die Folgen dieser ständigen Überlastung: Entweder „dreht das Kind durch" und wird zum hyperaktiven „Zappelphilipp" – oder es „macht dicht" und wird zum hypoaktiven Träumer. Kein Wunder, dass so eine Dauerbelastung auch die Sprachentwicklung stören kann.

Fehlt Ihrem vierjährigen „Zappelphilipp" die Fähigkeit, auch einmal beim Essen nur zehn Minuten stillzusitzen oder einer Geschichte in dieser Länge zuzuhören, dann wird Ihr Kind das Sprachangebot sehr wahrscheinlich nicht ausreichend aufnehmen und verarbeiten. Sein Sprachverständnis kann in einem solchen Fall gestört sein; die Laute und der Wortschatz werden dann nur eingeschränkt wahrgenommen.

Aufmerksamkeit und Konzentration sind auch gefordert, um die kindliche Gedächtnis-Spanne bei der Satzbildung zu erweitern. Hat Ihr Kind Schwierig-keiten, längere und komplexe Anweisungen zu verstehen (z. B.: *Stelle deine Pantoffeln neben die Schuhe, die im Schuhschrank stehen!"*) oder reagiert es verzögert, wenn es angesprochen wird, dann sollten Sie Ihre Beobachtungen dem Kinderarzt mitteilen. Auch wenn Ihr Kind andauernd sehr unruhig oder auch – ganz im Gegenteil dazu – sehr zurückhaltend und verträumt ist, sollten Sie das ebenfalls erwähnen. Er wird Ihr Kind aufgrund seiner Erfahrung und Vergleichsmöglichkeiten noch einmal einschätzen und dann je nach Ergebnis eine weitere Abklärung veranlassen. Für diese speziellen Untersuchungen gibt es in Städten und Kommunen so genannte Pädaudiologische Zentren oder auch Sozialpädiatrische Zentren (SPZ).

Bei Unruhe, Unaufmerksamkeit und eingeschränkter Behaltens-Spanne eines Kindes können auch gesellschaftliche und psychosoziale Entwicklungen in sei-nem Umfeld eine Rolle spielen. Eine ganze Reihe von höchst unterschiedlichen Faktoren kommt hier in Betracht. Etwa die Reizüberflutung durch ein zu lautes Umfeld. Das kann der laute Fernseher oder auch zu viel Lärm im Kindergarten oder in der Schule sein. Oder Konflikte in der Familie, zu wenig emotional-geistige Zuwendung – oder schlicht mangelnde körperliche Bewegung wirken einzeln und auch zusammen auf das Kind. Auch Ernährungsfaktoren (z. B. Nahrungszusatzstoffe in industriell hergestellten Lebensmitteln) werden als Cofaktoren diskutiert.

Wie können mögliche Lösungen aussehen? Wo und wann immer realistisch, sollte an den vermuteten Ursachen angesetzt werden. Das kann in Ihrem in-dividuellen Einzelfall der Kinderarzt mit Ihnen abklären und in die Wege lei-ten. Zusätzlich will ich hier einige grundsätzliche Empfehlungen geben, die sich im Familienalltag bewährt haben: Gute Rahmenbedingungen schaffen Sie, wenn Sie einen möglichst ruhigen und geregelten Tagesablauf planen. Dazu gehört Zeit zum Zuhören, Austauschen, Spielen und Einhalten genereller „Spielregeln".

Eine wichtige Spielregel lautet, eine Aufgabe nicht nur anzufangen, sondern auch zu Ende zu bringen. Das kann beispielsweise das ungeliebte Aufräumen sein, notfalls zunächst mit Hilfe von Mama oder Papa. Ordnung bei den Spiel- und Schulsachen fördert auch die „Ordnung im Kopf" – im Denken, im Behalten und in der Sprache. Ihr Schreibtisch sieht auch wie nach dem Bombenangriff aus? Dann wissen Sie ja gegebenenfalls, von wem Ihr Spross das wohl geerbt hat – und Sie müssen ab jetzt beide ran. Viel Erfolg!

Und wo bleibt die positive Nachricht? Hyperaktive Kinder bleiben oft ihr Leben lang aktiver als ruhiger veranlagte Altersgenossen. Das kann im positiven Fall dazu führen, dass sie in ihrer Ausbildung und im späteren Beruf erfolgreicher werden und „weiter" kommen als der Durchschnitt. Voraussetzung allerdings ist, dass ihre überschießende Power gelenkt und positiv kanalisiert wird. Es gibt genügend Beispiele dafür unter Managern, Politikern und auch unter Kinderärzten, wie ich in vielen persönlichen Gesprächen erfahren konnte.

VORSORGE-UNTERSUCHUNG U9: WAS WIRD DIESMAL UNTERSUCHT?

Die neunte Vorsorge-Untersuchung (U9) findet zwischen dem 60. und 64. Lebensmonat (mit fünf bis fünfeinhalb Jahren) statt. Es ist die letzte Vorsorge-Untersuchung vor der Einschulung. Die Untersuchungen der U8 (mit dreieinhalb bis vier Jahren) werden wiederholt und der Zahnstatus überprüft. Der Sehtest wird mit Bildtafeln durchgeführt und testet das räumliche Sehen und die Farbwahrnehmung des Vorschulkindes. Das Kind sollte jetzt auf einem Bein hüpfen und fünf Sekunden auf einem Bein stehen können. Im letzten Jahr vor der Schule werden noch einmal Wortschatz, Satzbildung und Aussprache überprüft und bei Bedarf eine Sprachtherapie eingeleitet. Ihr Kind sollte jetzt ausdauernd mit Gleichaltrigen spielen und sprechen.

COACHING:
FÄHIGKEITEN, DIE SIE BIS ZUM ENDE DES FÜNFTEN – SPÄTESTENS SECHSTEN – LEBENSJAHRES FÖRDERN KÖNNEN

Zur Orientierung habe ich Ihnen zusammengefasst, woran Sie die normale Entwicklung Ihres Kindes in diesem Alter ablesen und wo Sie notfalls ein wenig nachhelfen können.

- **Körperbeweglichkeit (Motorik):** Ihr Kind kann jetzt ein Dreirad oder ähnliches Gefährt mit koordinierten Bewegungen der Beine fahren und steuern. Wenn es Treppen hinauf oder hinab geht, werden die Stufen ohne Festhalten im Wechselschritt bewältigt – halt so, wie die Erwachsenen es tun.
- **Handgeschicklichkeit:** Der Malstift wird zwischen dem Daumen und den ersten beiden Fingern der Hand korrekt gehalten. Eine Schere kann benutzt werden. Einfaches Basteln und Kleben sind schon möglich, ebenso einen Baum, ein Haus, einen Menschen mit den wichtigsten Details zu malen und die Farben richtig zu benennen.
- **Denken und Sprache:** Die kindlichen Rollenspiele (Puppenstube, Bodenspiele, Nachspielen bestimmter Situationen) werden detaillierter. Andere Kinder werden in die Spiele mit einbezogen. Gern führen die Kinder jetzt Konstruktionsspiele mit Bauelementen aus.
- **Aussprache:** Die Aussprache ist normalerweise weitgehend fehlerfrei. Erlebte Geschichten berichtet das Kind in logisch und zeitlich korrekter Reihenfolge. Die Sätze sind mit Ausnahme geringer Regelverstöße grammatikalisch richtig. Es spricht in Haupt- und Nebensätzen. Der Grundwortschatz ist vorhanden, entwickelt sich aber vor allem in speziellen Sachgebieten ständig weiter.
- **Sozialverhalten:** Ihr Kind kooperiert im Spiel mit anderen Kindern. Spielregeln werden dabei befolgt. Emotionale Äußerungen anderer Kinder und Erwachsener werden richtig verstanden, es kann darauf eingegangen werden (z.B. trösten, helfen). Ihr Kind fügt sich in den familiären Tagesablauf ein und übernimmt kleine Aufträge und Aufgaben (z. B. Brötchen holen).

Fernsehen und Computer: Schädlich für die Sprachentwicklung?

Wie alles im Leben ist auch der Mediengebrauch im Kindesalter eine Frage der Dosierung: Zumindest tragen die Medien bis zum Vorschulalter nichts zur sprachlich-intellektuellen Entwicklung bei.

Auch wenn heute bei den meisten Menschen das Fernsehen und der Computer zum normalen Alltag gehören, so ist besonders das Fernsehen für viele ein Zeitfresser. Zeit brauchen Sie aber unbedingt, um alle Sinne Ihres Vorschulkindes und damit seine Hirnentwicklung durch Bewegung und durch eigene Erfahrungen anzuregen. Schon Ihr Kleinkind muss lernen, neue Sinneswahrnehmungen nicht als kleiner Konsument, sondern zunächst als Akteur selbst zu erleben und einzuordnen – es muss die Welt praktisch mit allen seinen Sinnen mehrdimensional erfassen. *„Und das geht nicht am Bildschirm"*, stellt dazu auch der Bildungsforscher *Manfred Spitzer* fest. Von Bildschirmmedien – insbesondere dem Fernsehen – geht für viele Menschen unbemerkt eine fast hypnotische Wirkung aus, der junge Konsumenten wehrlos ausgeliefert sind. Erst einmal „angefüttert" und daran gewöhnt, sind sie aus eigenem Antrieb kaum noch in der Lage, sich aus der bunten Bilderflut zu lösen.

Aber mit der Alltagsrealität kann keine noch so „pädagogisch wertvolle" Sendung oder kein noch so raffiniert didaktisch aufbereitetes Vorschulprogramm am Computer mithalten und die Erwartung erfüllen, Ihr Kind klüger zu machen. Einmal auf Empfang geschaltet, wollen Kinder am Fernseher wie die Erwachsenen überwiegend unterhalten werden und nicht „lernen".

Die immer wieder zitierte „Sendung mit der Maus" kann als eines der wenigen positiven Beispiele sowohl für Kinder als auch Erwachsene (*„Jetzt habe ich endlich mal verstanden, wie das funktioniert!"*) gelten. Geliebt werden aber mehr die spannenden, reißerischen Sendungen mit „Action" und Spielprogramme am Computer, in denen man Figuren in einem eigenen Kosmos bewegen kann. Solche Programme verführen naturgemäß zum Sitzen bleiben – schon vor der Schule. Es sind virtuelle Welten, in denen die Kinder leicht versinken. Dem gegenüber stehen Geschichten in Büchern, die natürlich zunächst „erarbeitet" werden müssen, dann aber als „Kino in Kopf" die Phantasie und Sprache anregen. Kinder schauen – ganz wie die Großen – gern fern, weil es schlicht bequemer ist, sich Bilder anzusehen als sich Bilder vorzustellen.

Das kann man bedauern, aber es ändert nichts an der Tatsache, dass Ihr Kind in eine umfassende Mediengesellschaft hinein geboren wurde. Und der Mensch, ob klein oder groß, neigt von Natur aus einerseits zur Neugier und andererseits zur Trägheit. Er zappt sich dann typischerweise von einem Programm ins nächste, anstatt sich im Freien zu bewegen und lässt sich lieber berieseln, anstatt sich selbst zu unterhalten und mit anderen auszutauschen.

Aber Sprechen lernen bedarf der Kommunikation, also des Sprachaustausches. Sprache und Sprechen entwickeln sich am besten im Dialog. Fernsehen als kommunikative Einbahnstraße und auch der Computer als interaktives Medium sind keine Gesprächspartner für Ihr Kind, deshalb insbesondere bis zum Vorschulalter wenig lehrreich. Die Informationsflut und der unentwegte Wortschwall rauschen in schneller Abfolge an der Wahrnehmungs-Schwelle und Informations-Verarbeitung Ihres Kindes vorbei. Und das genau in einem Alter, in dem es lernen möchte, Worte und Laute zu unterscheiden.

Übermäßiger Fernsehkonsum führt daher oft zu einer ernsthaften und oft auch behandlungsbedürftigen Verminderung der kindlichen Sprach- und Sprechfähigkeit. So bemerkt der Hirnforscher *Manfred Spitzer* weiter: *„Sitzen schon Babys vor dem Fernseher oder PC, dann behindert das ihre geistige Entwicklung – egal, was sie dabei sehen."* Am einfachsten ist es, wenn der Fernseher nur sparsam und gezielt genutzt wird und Kinder das Gerät nicht ständig im Blickfeld haben. Dann haben sie auch nicht das Verlangen, zu gucken. Das oft gehörte Argument: *„Dann können sie auch nicht mitreden."* zündet übrigens nicht. Kinder, die (falls überhaupt möglich) Teile von Spielfilmen oder Serien wiedergeben können, sind nicht so anerkannt als Spielgefährten wie Kinder, die tonangebend sind im „harten Alltagseinsatz": in der Wiedergabe von Tiergeschichten, in Spielideen und beim Sport.

Eine gute Kompromisslösung hängt sehr davon ab, welcher Elterntyp Sie sind: eher ein weicher, nachgiebiger oder ein mehr robuster und durchsetzungsfähiger. In jedem Fall ist der folgende Ratschlag für den Medienkonsum etwas schwieriger durchzuhalten, aber letztlich für Ihr Kind erfolgreicher: Vereinbaren Sie Regeln, wann, wie lange und was es im Fernsehen gucken darf und dass über das Gesehene anschließend gesprochen wird. Probieren Sie es aus. Und seien Sie nicht enttäuscht, wenn es nicht auf Anhieb klappt. Fairerweise muss gesagt werden, dass kaum eine Familie es ganz konsequent ein- oder durchhält. Eltern, die anstelle eines Fernsehers Kinder haben, vermissen die „Flimmerkiste" nicht, weil es doch so viel – auch Schönes – zu tun gibt. Auch dieses Buch wäre übrigens voraussichtlich nicht entstanden, wenn ich ein fanatischer Fernsehkonsument wäre. Für die Familie mit jungen Kindern können wir jedenfalls festhalten: Wenn überhaupt ein Fernseher, dann einer mit Kindersicherung.

Unverzichtbar ist dagegen der Computer, weniger zum Spielen, sondern mehr zum Lernen und für den Alltag in der Schule, Ausbildung und als Basiswerkzeug im späteren Beruf. Die nötige Computererziehung orientiert sich am Alter des Kindes. Schon Vorschulkinder schauen gern zu, wenn Vater oder Mutter am Rechner schreiben oder andere Arbeiten ausführen, und bekunden dabei Ihr Interesse an Buchstaben. Wenn Sie zwischendurch mal eine kleine Pause machen – folgen Sie dem Interesse Ihres Kindes. Es freut sich, wenn es auf dem Bildschirm schon die Buchstaben seines Namens findet oder einige wiedererkennt und seinen Namen stolz fett ausdruckt.

Ihr Kind wächst so natürlich in die Arbeitswelt des Computers hinein, wenn Sie Rechnungen überweisen oder im Internet Preise vergleichen und einkaufen oder etwas günstig ersteigern. Kinder wollen alles auch machen, was die Eltern machen. Wird der Computer vorwiegend zur Alltagserleichterung oder zum Arbeiten benutzt, wird das Kind weniger anfällig dafür, „computersüchtig" zu werden.

Ansprechende kleine Lernprogramme gestalten das Rechnen-, Lesen- und Schreibenlernen im Grundschulalter zunehmend abwechslungsreicher. Gute Lernprogramme sind an die Lehrpläne angepasst und berücksichtigen, welche Lerninhalte in welchem Fach und in welcher Klasse vermittelt werden. Schon früh lernen die Kinder das Recherchieren bestimmter Sachgebiete mit dem Computer als wichtige Unterstützung ihrer Hausaufgaben.

So schult der selbstverständliche Umgang mit Maus und Monitor ab dem Vorschulalter das Lernverhalten, die Konzentration Ihres Kindes und verschafft ihm ganz allmählich die heute nötige Alltagskompetenz.

KAPITEL 6: DAS WICHTIGSTE IN KÜRZE

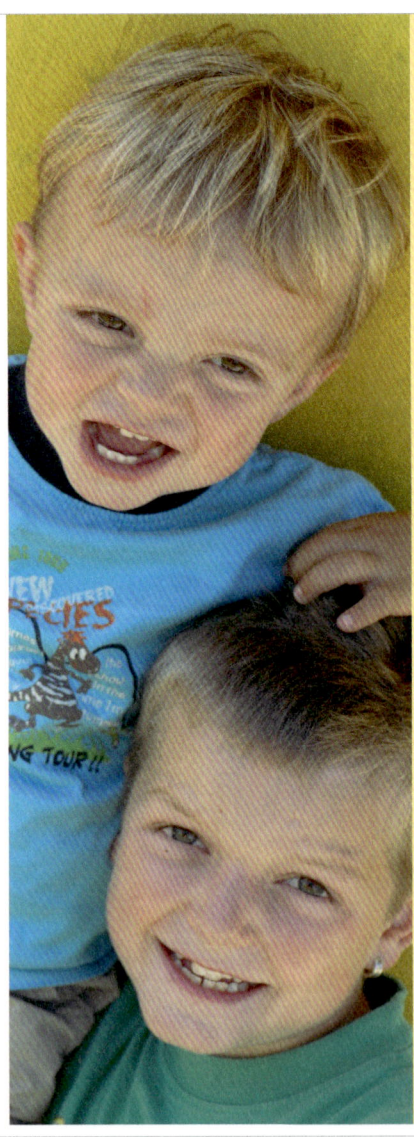

▶ Ausreichende Bewegungs- und Sinneserfahrungen Ihres Kindes sind Voraussetzungen für eine gute sprachliche Basis.

▶ Am besten baut der Erwerb einer Fremdsprache auf dem vorherigen Erwerb der Muttersprache auf.

▶ Eine der wichtigsten Elternaufgaben beim weiteren Spracherwerb ist, das Interesse und die Motivation des Kindes am ständigen Lernen anzuregen.

▶ Über die Schriftsprache lässt sich die Sprache Ihres Kindes weiter differenzieren und verbessern.

▶ Übermäßiger Fernsehkonsum kann zu einer behandlungsbedürftigen Minderung der kindlichen Sprach- und Sprechfähigkeit führen.

▶ Wird der Computer von den Eltern vorwiegend zur Alltagserleichterung oder zum Arbeiten benutzt, wird das Kind weniger anfällig dafür, später einmal „computersüchtig" zu werden.

7

DER ERNST DES LEBENS:
WANN IST IHR KIND SCHULREIF?

In diesem Kapitel erfahren Sie, ...

▶ welche Eigenschaften Ihres Kindes für eine frühere und welche für eine regelrechte Einschulung sprechen

▶ auf welche Fertigkeiten und Kenntnisse des Kindes die Schulärztin besonders achtet

▶ wie Sie den Entwicklungsstand Ihres Kindes versuchen können, objektiv einzuschätzen

▶ wie sich ältere Geschwister in die Jüngeren einfühlen und helfen

▶ wie Kleinkinder sich in die Sprache der Größeren hineinhören und sie langsam übernehmen

▶ warum Erfolge und Anerkennung auch bei verlängerter Sprachentwicklung als Motor wirken

▶ unter welchen Voraussetzungen Kinder und Erwachsene ein Leben lang Sprache lernen

Keine Angst vor dem Tag X: Vorausdenken hilft

Irgendwann steht sie dann an, die Schulreife-Untersuchung. Vom einen gefürchtet, vom anderen herbeigesehnt – ganz abhängig davon, wie das eigene Kind entwickelt ist. Und vor allem davon, wie Ihr Kind sich selbst einschätzt. Das kann natürlich sehr subjektiv sein – worauf kommt es also im Wesentlichen an?

In der Schulreife-Untersuchung wird die körperliche, intellektuelle und soziale Entwicklung überprüft, eingeschätzt und dokumentiert. Diese Beurteilungen ist Ihr Kind ja schon von den Vorsorge-Untersuchungen her gewohnt. Es ist also in der Regel schon darauf vorbereitet. Schon im Kindergarten wird viel Wert auf Vorschulprogramme gelegt. Dort wird darauf geachtet, dass sich jedes Kind in die Gruppe integriert und einen guten Kontakt zu anderen Spielgefährten aufbaut. Erfährt ein Kind dann auch noch im Elternhaus genug Anregung und Sprachförderung, dann besitzt es im Allgemeinen schon gute Voraussetzungen für den Schulbesuch.

Aber es gibt auch jetzt noch Ausnahmen und Kinder mit Nachholbedarf: Hat Ihr Kind etwa einen ungezügelten Bewegungsdrang, ist es leicht ablenkbar, kann es nicht über längere Zeit sitzen bleiben oder sich über 30 Minuten still beschäftigen, sollten Sie vernünftigerweise nicht auf eine sehr frühe Einschulung drängen. Auch wenn der Ehrgeiz verständlicherweise ein wenig plagt, würde ich in so einem Fall trotz guter sprachlich-intellektueller Entwicklung bei einem „Kann-Kind" (es kann, aber muss nicht in die Schule) die Regeleinschulung abwarten.

In der Schulreife-Untersuchung interessieren die Schulärztin zunächst die körperliche Entwicklung und die Motorik Ihres Kindes. Zum recht umfangreichen Programm gehören deshalb der Hör- und der Sehtest, die Untersuchung des Kiefer-Zahn-Status, dann die Körpergröße, das Gewicht, der Körperbau und die Haltung.

Ihr Kind darf auf einem Bein hüpfen, den Einbeinstand zeigen, auf den Zehen und Hacken vorwärts und rückwärts gehen. Zu der kleinen „Varieténummer" gehören ferner der Hampelmannsprung, dann sich selbständig die Schuhe ausziehen und schließlich auf Matten von links nach rechts springen.

Es wird die Feinmotorik geprüft, etwa dadurch, dass die einzelnen Fingerspitzen gezielt mit dem Daumen aufeinander zu stellen sind. Dazu gehört auch die korrekte Stifthaltung beim Zeichnen, einen Menschen mit fünf Fingern malen, Formen (Kreise, Dreiecke, Drachen usw.) ergänzen und zwei Punkte mit einer Linie verbinden.

Es werden Konzentration und Wahrnehmung und die Sprachkompetenz im freien Gespräch erfasst. Wichtig ist auch, dass Ihr Kind bis 10 zählen kann, eine Punktmenge (die „Augen") auf einem Würfel erkennen, eine Telefonnummer angeben oder eine Zahlenreihe nachsprechen kann.

Danach soll es noch Kunstwörter wie beispielsweise „Hapakuk", einige logische Sätze und auch einen Unsinnsatz nachsprechen. Aus einem lückenhaft gesprochenen Wort sollte es das richtige kombinieren und manchmal auch zu einem Bild erzählen, was es da so sieht. Das Spektrum der Schuluntersuchung ist regional unterschiedlich geregelt. Aber fast immer sind die Mütter ebenso aufgeregt wie ihr Kind. Oft haben die Kinder sogar die besseren Nerven.

Wichtig: Ihr Kind sollte bei allen Aufgaben möglichst Blickkontakt mit der Amtsärztin halten und ihre Anweisungen auch befolgen.

Ein sehr wichtiges Kriterium für einen guten Schulstart und anschließenden Schulerfolg ist aus meiner Langzeitbeobachtung, wenn Ihr Kind auch längere Geschichten wie Tierfabeln verstehen und sprachlich richtig wiedergeben kann. Seine Konzentration, Wahrnehmung, Sprachkompetenz und sein Gedächtnis sind bei dieser Übung am meisten gefordert. Ich bin übrigens immer genauso erleichtert wie die Mütter, wenn eines „meiner" Kinder die Schulreifeprüfung gemacht hat und die Mutter mich sofort danach anruft, dass es positiv gelaufen ist.

SPRACHFÖRDERUNG: DIE ROLLE DER ÄLTEREN GESCHWISTER UND FREUNDE

Schon seit jeher gibt es berufstätige Eltern, Selbständige und Geschäftshaushalte, in denen Mutter und Vater viel zu tun haben und dadurch Erziehung und Sprechenlernen quasi „nebenher" laufen. Ältere Geschwister übernehmen in der Regel dann gern die Mitverantwortung für das jüngere Kind.

Wenn ich in der Praxis beobachte, wie liebevoll das ältere Geschwisterkind mit dem jüngeren umgeht, ist dieses Verhalten für dessen Sprachentwicklung zweifelsohne förderlich. Das liegt zum Teil an dem doch wesentlich ähnlicheren Erfahrungshorizont der Kinder, die oft nur einige wenige Lebensjahre auseinander liegen. Im Unterschied dazu müssen Erwachsene – auch Sie als Mutter oder Vater – sich bewusst oder intuitiv auf ein ganz anderes Kommunikationsniveau begeben, um mit Ihrem Kleinsten Kontakt aufzubauen und Informationen auszutauschen.

Anders verhält es sich bei Kindern mit nur geringem Altersunterschied untereinander: Ein Zweijähriges erfährt durch die sechsjährige Schwester oder den Bruder in dem Alter einen sehr einfühlsamen Übersetzer seiner Sprachäußerungen. Das Kleine fühlt sich verstanden, voll akzeptiert und gut aufgehoben. Wenn Sie Ihrem älteren Kind weiterhin genügend Aufmerksamkeit und Kuschelminuten schenken, schmust es auch gern mit dem Kleinkind, nimmt es auf den Schoß, spielt und singt mit ihm zum Beispiel den Klassiker: *„Hoppe, Hoppe, Reiter...".* Das ältere Geschwisterkind fühlt sich bestätigt, wenn das Jüngste mit großen Augen, Lachen und Lautäußerungen freudig reagiert.

Eine typische Situation: Das Kleinste hat von den beiden Größeren sprechen gelernt. Sie lesen ihm gern vor, weil ihnen das sinnvoll erscheint und Spaß macht. Und spielen gelegentlich den Dolmetscher. So üben sie gleichzeitig das Lesen und machen das Kleine neugierig, wie sie das so machen. Und so ganz nebenbei lernt es gängige Sprach- und Verhaltensregeln.

Sprechen lernen kleine Kinder in der natürlichen Situation tatsächlich ohne Zwang und „Pauken" so ganz nebenbei. Das Jüngste beteiligt sich am Redefluss der Größeren und hört sich in immer neue Sprachregeln hinein, die es dann nach etwas Üben selbst unbewusst verwendet. Ähnliches geschieht in anderen Kulturkreisen: Mit den Kindern wird nicht bewusst sprechen geübt, sondern sie werden überall hin mitgenommen und dürfen sich „mit unterhalten". Die Kinder hören sich in die Sprache hinein und lernen so ganz zwanglos das Sprechen.

Die sechsjährige **Nona** *besucht auf ihren eigenen Wunsch hin, der von den Eltern unterstützt wird, die Waldorfschule. Sie ist ein sehr ängstliches Kind. Die Waldorfschule kommt ihrer erhöhten Sensibilität entgegen. In der Schulklasse will Nona unbedingt Lesen und Schreiben lernen – so wie ihre Freundinnen. In der*

166

Waldorfschule geht man in langsamen Schritten voran. Für bestimmte Kinder ist das wichtig und richtig. Nona allerdings fühlt sich schon nach kurzer Zeit unterfordert und langweilt sich. Gegen Ende der ersten Klasse will sie dann in die normale Grundschule am Ort, in die ihre Freundin geht. Die Eltern melden sie dort an.

In den anstehenden Sommerferien und zu Beginn der zweiten Grundschulklasse setzt sich daraufhin ihre 12jährige Schwester täglich mit ihr zum Buchstaben- und Wörterlesen zusammen, was von der Mutter begleitet wird.

Nach zwei Monaten kommt die Familie zu mir, und Nona kann mir spontan vier vorher nicht geübte Sätze vorlesen. Natürlich bin ich beeindruckt und zeige ihr daraufhin den nächsten Schritt für ein möglichst fehlerloses Schreiben, den sie sich sehr aufmerksam merkt. Mit Recht ist ihre ältere Schwester ganz stolz, dass sie beide es gemeinsam geschafft haben, Nonas nahtlosen Wechsel in die Grundschule zu meistern.

Geschwister und regelmäßige Spielkameraden sind für ein jüngeres Kind eine enorme Triebfeder zum Sprechen- und Schreiben lernen. Sein Ehrgeiz wird geweckt, es orientiert sich an den Älteren und möchte auch so gut sein wie sie – mindestens!

Der Weg zum Erfolg: Schwächen und Stärken nutzen

Im Bereich der normalen Sprachentwicklung gibt es einige nicht auszurottende Märchen, die über Jahrzehnte immer weiter berichtet und leider auch für bare Münze genommen werden. Eins dieser beschworenen Drohszenarien lautet: Mit sechs Jahren schließt sich das Sprachfenster, und danach ist eine zusätzlicher Spracherwerb nicht mehr möglich. Allerdings hat niemals irgendjemand dieses Fenster je gesehen oder gar geschlossen. Es gehört eher in das Reich der Legenden – also lassen wir es besser dort. Dass es sprachlich mit sechs Jahren noch nicht dem Ende zugeht, und dass sich Sprache und Grammatik über die Schriftsprache noch weiter differenzieren können, beweist uns der sechsjährige Marcel.

*Nach seinem dritten Geburtstag spricht **Marcel** die ersten Wörter, mit fünf Jahren beherrscht er Haupt- und Nebensätze. Allerdings kann er anfangs kein F-W, K-G, R, SCH und CH₁ (wie „ich"). Auch zur Schulreife-Untersuchung mit sechs Jahren gebraucht er das K-G, SCH und CH1 noch nicht in der Spontansprache. Trotzdem wird er in die Regelschule eingeschult, weil ich eine ambulante Sprachtherapie begleitend zur Schule vorschlage.*

Erst über das Lesetraining, also das Sehen und Aussprechen der fehlenden Laute, gebraucht der Junge – ein schwerer Fall einer Aussprachestörung – nach der ersten Klasse endlich das SCH spontan richtig. Und erst zum Ende der zweiten Klasse bildet er spontan die letzten noch fehlenden Laute und immer komplexere Sätze. Marcel hat also erst über die Schriftsprache eine weitere Differenzierung der Sprache erfahren. Heute wird er als besonders begabter Nachwuchskicker in einem bekannten großen Ruhrgebiets-Fußballverein intensiv gefördert.

Erfolgserlebnisse und Anerkennung in der Schulklasse oder im Sportverein sind auch bei einer verlängerten Sprachentwicklung ein Motor für weitere Verbesserungen. Nach aktuellen wissenschaftlichen Erkenntnissen lernt ein Kind bis zum siebten Geburtstag die Muttersprache und auch eine Zweitsprache leicht. Danach bereitet ihm das Erlernen einer Zweitsprache etwas mehr Anstrengung.

Die Fähigkeit zum Sprachenlernen nimmt erst nach dem 16ten Geburtstag langsam ab. Verloren geht sie nie: Auch Erwachsene, die eine Zweitsprache wegen Umzugs, Studium oder neuer Freunde lernen, behalten diese Fähigkeit zum fast akzentfreien Erlernen einer Sprache. Es ist nur eine Frage des persönlichen Ehrgeizes und der Ansprüche. Wer nämlich hoch motiviert ist und eine Sprache aus privaten oder beruflichen Gründen braucht, verlängert dadurch automatisch seine persönliche sensible Phase des Sprach-Lernprozesses. Wenn Sie so wollen sogar über das 70. Lebensjahr hinaus, also praktisch ein Leben lang – als Seniorstudent an der Uni, in der Volkshochschule oder als Gast in einem fremden Kulturkreis. Also gehen Sie es an, wenn Ihr Kind erfolgreich sprechen gelernt hat, seine Ausbildung abgeschlossen ist und es aus dem elterlichen Haus sein wird. Ich wünsche Ihrem Kind und Ihnen viel Erfolg!

KAPITEL 7: DAS WICHTIGSTE IN KÜRZE

- ▶ In der Schulreife-Untersuchung spielen insbesondere die Aufmerksamkeit und Konzentrationsfähigkeit Ihres Kindes eine wesentliche Rolle.
- ▶ Ältere Kinder können die idealen Dolmetscher und Vermittler für ihre jüngeren Geschwister sein.
- ▶ Die natürliche Weise, Sprache zu lernen, bedeutet für kleine Kinder, immer dabei zu sein und sich in das Gesprochene hineinzuhören.
- ▶ Bis zum siebten Geburtstag lernt ein Kind seine Muttersprache und leicht auch eine Zweitsprache.
- ▶ Sprachen lernen ist bei ausreichender Motivation und Begabung ein Leben lang möglich.

DIE AUTORIN

Die Autorin richtete nach ihrem Studium der Sprachheilpädagogik und Psychologie an der Universität Dortmund im Jahre 1977 das erste Sprachheilinstitut einer großen überregionalen Krankenkasse in Essen ein und leitete diese Einrichtung 25 Jahre lang bis 2003. Parallel dazu übte die Erziehungswissenschaftlerin, Sprachheillehrerin und Logopädin zunächst weitere 9 Jahre lang eine Lehrtätigkeit an der Universität Dortmund aus. 1985 promovierte sie in ihrem ersten Spezialgebiet „Sprachverlust nach Schlaganfall (Aphasie)". Danach leitete sie die Interdisziplinäre Kieferorthopädische (KFO-) Studie Essen, in der erstmalig Kieferorthopäden und Kinderärzte gemeinsam die Wirksamkeit der Frühbehandlung im Milchgebiss nachwiesen. Seit 20 Jahren ist sie Fachreferentin auf Kongressen und Fortbildungen für Ärzte, Pädagogen, Erzieher und Therapeuten verschiedener Fachrichtungen.

Im Jahre 2000 erhielt sie für ihr Engagement in der kieferorthopädischen Frühbehandlung und die Veröffentlichung von Orientierungsrahmen für eine effiziente Therapieverordnung durch Kinderärzte den Präventionspreis des Berufsverbandes der Kinder- und Jugendärzte (BVKJ). Seit 2003 leitet Frau Dr. Tigges-Zuzok ihr eigenes *audiente Institut* für Therapie und Fortbildung in Essen. Ihre derzeitigen Arbeits-Schwerpunkte sind Sprach-Sprech-Stimmtherapie genau zum richtigen Entwicklungszeitpunkt eines Kindes („just in time"), die Prävention und Behandlung der Legasthenie und die Prophylaxe von Kiefer-Zahnfehlstellungen und Aussprachestörungen. In einer Vielzahl von Fachpublikationen und Beiträgen in Publikumsmedien finden die Ergebnisse ihrer Arbeit Verbreitung.

Die besondere Liebe und Aufmerksamkeit der Hobbygärtnerin und Imkerin gehört seit Jahren „ihren Kindern", die sie in den entscheidenden Phasen ihres Spracherwerbs gern sensibel unterstützt und sparsam anleitet. *„Dabei ist schon mein Name eine rechte Herausforderung für die Kinder, die mich oft ‚Dottor Tittes' nennen"*, schmunzelt die Autorin.

INFO-MAGAZIN

- ▶ Nützliche Adressen
- ▶ Literatur-Hinweise
- ▶ Stichwort-Verzeichnis

Nützliche Adressen

Kinder- und Jugendärzte

Als erste und wichtigste Anlaufstelle bei Unsicherheiten, Fragen und auch zur Absicherung der Sprachentwicklung Ihres Kindes ist Ihr Kinder- und Jugendarzt zu empfehlen. Der kennt Ihr Kind in der Regel durch die Vorsorge-Untersuchungen sehr gut und kann es von seiner Gesamtentwicklung her beurteilen.
Die Adresse Ihres nächsten Kinderarztes – z. B. nach einem Umzug - erfahren Sie am einfachsten über die Internetseite des Berufsverbandes.

Berufsverband der Kinder- und Jugendärzte e. V.

Mielenforster Str. 2
51069 Köln
Telefon: (02 21) 68 90 90
Fax: (02 21) 68 32 04
E-Mail: bvkj.buero@uminfo.de
www.kinderaerzte-im-netz.de

Fachärzte für Sprach- und Stimmstörungen

Weitere Ansprechpartner sind Ärzte aus der hochspezialisierten Fachgruppe der Phoniater und Pädaudiologen und der Hals-Nasen-Ohrenärzte mit der Zusatzbezeichnung „Sprach-Sprech-Stimmstörungen".

Deutscher Berufsverband der Fachärzte für Phoniatrie und Pädaudiologie

Fichtestr. 9
04275 Leipzig
Telefon: (03 41) 3 09 54-10
Fax: (03 41) 3 09 54-30
E-Mail: phoniatrie@praxis-strauss.de

Deutsche Gesellschaft für Hals-Nasen-Ohren-Heilkunde, Kopf- und Hals-Chirurgie

Geschäftsstelle:
Frau U. Fischer
Hittorfstr. 7
53129 Bonn
Telefon: (02 28) 23 17 70
Fax: (02 28) 23 93 85
E-Mail: DGHNOKHC@t-online.de
www.hno.org

Deutsche Gesellschaft für Phoniatrie und Pädaudiologie e.V.

Vorsitzender:
Prof. Dr. med. E. Kruse
Robert-Koch-Str. 40
37075 Göttingen
Telefon: (05 51) 39 28 11
E-Mail:
ekruse@med.uni-goettingen.de
www.dgpp.de

Logopäden

Der Logopädenverband vertritt als Fachorganisation die beruflichen Interessen der Mitglieder und bietet im Rahmen seiner Öffentlichkeitsarbeit ein entsprechendes Informationsangebot für Eltern.

Deutscher Bundesverband für Logopädie e. V. (dbl)
Geschäftsstelle
Augustinusstr.11a
50226 Frechen
Telefon: (0 22 34) 37 95 3-0
Fax: (0 22 34) 37 95 3-13
E-mail: info@dbl-ev.de
www.dbl-ev.de

„Sprich mit mir!" Wanderausstellung des Deutschen Bundesverbandes für Logopädie e. V.
www.sprich-mit-mir.org

Kieferorthopäden

Bei Kiefer-Zahnfehlstellungen Ihres Kindes kann der Besuch eines Kieferorthopäden oder eines kieferorthopädisch tätigen Zahnarztes auch schon im Vorschulalter erforderlich sein. Ansprechpartner und Informationen bekommen Sie unter den folgenden Adressen.

Berufsverband der Deutschen Kieferorthopäden e.V. (BDK)
Ackerstraße 3
10115 Berlin
Telefon: (030) 27 59 48 43
Fax: (030) 27 59 48 44
E-Mail: info@bdk-online.org
www.bdk-online.org

Bundesvereinigung kieferorthopädisch tätiger ZÄ (BktZ) e.V.
Welfenweg 18
31303 Burgdorf
Telefon: (05136) 97 16 56
Fax: (05136) 97 16 57
E-Mail: info@bktz.de
www.bktz.de/patientenbereich/bktz.html

Krankenkassen

Die großen Krankenkassenverbände halten über ihre Servicehotlines ebenfalls Antworten auf Ihre Fragen bereit.

AOK-Bundesverband
Kortrijker Str. 1
53177 Bonn
Telefon: (02 28) 8 43-0
Fax: (02 28) 8 43-5 02
E-Mail: info@bv.aok.de
www.aok.de/bundesverband

**Bundesverband der
Betriebskrankenkassen**
Kronprinzenstr. 6
45128 Essen
Telefon: (02 01) 1 79-01
Fax: (02 01) 1 79-10 00
E-Mail: vorstandsbuero@bkk-bv.de
www.bkk.de

IKK-Bundesverband
Friedrich-Ebert-Str./Technologiepark
51429 Bergisch-Gladbach
Telefon: (0 22 04) 44-0
Fax: (0 22 04) 44-185
E-Mail: ikk-Bundesverband@bv.ikk.de
www.ikk.dev

**Verband der Angestellten-
Krankenkassen e. V.
(VdAK) / AEV Arbeiter-
Ersatzkassen-Verband e. V.**
Frankfurter Str. 84
53721 Siegburg
Telefon: (0 22 41) 1 08-0
Fax: (0 22 41) 1 08 2 48
E-Mail: kontakt@vdak-aev.de
www.vdak.de

**Der Deutsche Bildungsserver –
der Internet-Wegweiser**
Deutsches Institut für Internationale
Pädagogische Forschung
Informationszentrum Bildung
Geschäftsstelle Deutscher
Bildungsserver
Schloßstr. 29
D-60486 Frankfurt/Main
Telefon: (069) 2 47 08-326
Fax: (069) 2 47 08-328 / -444
E-Mail: dbs@dipf.de

**Sprachentwicklung systematisch
begleiten**
www.bildungsserver.de/zeigen.
html?seite=2299

Sonstige

Als sehr große Bildungsplattform hält
auch der Deutsche Bildungsserver
fundierte Informationen zur Sprachentwicklung bereit.

LITERATUR-HINWEISE

Aust-Claus E., Hammer P.-M.: **Auch das Lernen kann man lernen.** Vom Kindergarten in die Schule: Was Sie als Eltern dafür tun können, dass Ihr Kind gut und gern lernt. 5. Aufl. Ratingen: Oberstebrink Verlag; 2004 (ISBN 978-3-9804493-2-8)

August-Claus E., Hammer P.-M.: **Das A·D·S-Buch.** 14. Aufl. Ratingen: Oberstebrink Verlag 2007 (ISBN 978-3-9804493-6-6)

Bensel J.: **Was sagt mir mein Baby, wenn es schreit?** 1. Aufl. Ratingen: Obertebrink Verlag 2003 (ISBN 978-3-934333-07-9)

Böhme G.: **Sprach-, Sprech-, Stimm- und Schluckstörungen.** Band 1 Klinik, 4. Aufl. Stuttgart: Elsevier GmbH, Urban & Fischer Verlag, 2003 (ISBN 3-437-46950-9)

Böhme G.: **Sprach-, Sprech-, Stimm- und Schluckstörungen.** Band 2 Therapie; 4. Aufl. Stuttgart: Elsevier GmbH, Urban & Fischer Verlag, 2006 (ISBN 3437469614)

Haug-Schnabel G., Schmid-Steinbrunner B.: **Wie man Kinder von Anfang an stark macht.** 5. Aufl. Ratingen: Oberstebrink Verlag 2005 (ISBN 978-3-934333-01-7)

Keilmann A. **So lernt mein Kind sprechen: Sprachstörungen erkennen, Sprachverzögerungen beheben, Sprachentwicklung fördern;** mit vielen Übungen und Sprachspielen. Augsburg: Midena Verlag; 1998 (ISBN 3-310-00484-8)

Kilian-Kornell G., Kovács H., Blum C. **Spielen fürs Leben.** So begleiten Sie mit fachkundiger Anleitung die Entwicklung Ihres Kindes. Lübeck: Schmidt-Römhild Verlag; 2004 (ISBN 3-7950-7002-3)

Kottmann U. **Sprache ist Leben.** Sprachentwicklung eines Kindes von der U4 bis zur U9. Service der Grünenthal GmbH. Bezug: Dr. med. Uta Kottmann, 45768 Marl

Kottmann U. **Sprach-, Sprech- und Stimmstörungen im Kindesalter.** Ärztliche Diagnostik, Elternberatung und Therapievorschläge. Service der Grünenthal GmbH

Küspert P.: **Neue Strategien gegen Legasthenie.** 3. Aufl. Ratingen: Oberstebrink Verlag 2005 (ISBN 978-3-934333-12-3)

Liebich D., Garnett-von der Neyen S. **Wie Sie Ihr Kind erfolgreich fördern.** So stärken und entwickeln Sie die Kompetenzen Ihres Kindes. 1. Aufl. Ratingen: Oberstebrink Verlag; 2007 (ISBN 978-3-934333-34-5)

Michaelis R. (2002) **Entwicklungsbeurteilung nach dem 2. Lebensjahr.** Kinder- und Jugendarzt 11, 859-861

Michaelis R. **Die ersten fünf Jahre im Leben eines Kindes.** Wie sich Ihr Kind entwickelt vom Baby bis zum Vorschulkind. Wie Sie das individuelle Entwicklungstempo erkennen. München: Knaur Verlag; 2006 (ISBN 3426642603)

Schlack H. G. (Hrsg.) **Entwicklungspädiatrie.** Wichtiges kinderärztliches Wissen über die ersten 6 Lebensjahre. München: Hans Marseille Verlag; 2004 (ISBN 3-88616-113-7)

Schneider S. **Hörgeschädigte Kinder. Rat und Tat für Eltern und Kinder.** In Zusammenarbeit mit Siemens Audiologische Technik. 1. Aufl. Ratingen: Oberstebrink Verlag; 2001 (ISBN 978-3-934333-08-6)

Spitzer **M. Lernen. Gehirnforschung und die Schule des Lebens.** Heidelberg: Spektrum Akademischer Verlag; 2002 (ISBN 3827413966)

Szagun G., Steinbrink C., Franik M. & Stumper B. (2006). **Development of vocabulary and grammar in young German-speaking children assessed with a German language development inventory.** First Language 26, 259-280

Szagun G. **Das Wunder des Spracherwerbs.** So lernt Ihr Kind sprechen. Weinheim und Basel: Beltz Verlag; 2007 (ISBN 978-3-407-85770-5)

Tigges-Zuzok C. (1990) **Sprachentwicklungsstörungen.** Ein einfacher Test zu ihrem Nachweis. pais 11, 205-207

Tigges-Zuzok C. (1999): **Zusammenfassender Bericht / Interdisziplinäre Studie zur Früherkennung von Zahnstellungs- und Kieferanomalien sowie Artikulationsstörungen bei drei- bis siebenjährigen Kindern von Berufsverband der Deutschen Kieferorthopäden e.V. (BDK), Kinder- und Jugendärzten und der AOK Rheinland in Essen.** Kinder- und Jugendarzt 12, 1212

Tigges-Zuzok C. (2008) **Wann muss behandelt werden?** Kinder- und Jugendarzt 1, 11-14

Tigges-Zuzok C., Kohns U. (1990) **Qualitätssicherung in der pädiatrischen Sprachdiagnostik: set − der Sprachentwicklungs-Test mit Befundung des stomatognathen Systems.** Kinderarzt 12, 2052-2056

Tigges-Zuzok C., Kohns U. (1995): **Sprachdiagnostik und Therapieindikation in der pädiatrischen Praxis.** Kinderarzt 3, 358-364

Tigges-Zuzok C., Kohns U., Plath P., Schuster S. (2003) **Behandlung von Sprachentwicklungsstörungen.** Kinder- und Jugendarzt 5, 365-369

Tigges-Zuzok C., Szagun G., Michaelis R. (2006) **Ist Variabilität im frühen Spracherwerb behandlungsbedürftig?** Kinder- und Jugendarzt 3, 136-140

Tigges-Zuzok C., Michaelis R., Szagun G. (2007) **Sprachentwicklungsstörungen. Differenzialdiagnostik und indikationsgerechter Therapiebeginn.** Pädiatrische Praxis 69, 595-606

Wirth G.: **Sprachstörungen, Sprechstörungen, kindliche Hörstörungen.** 5. Auflage, Köln: Deutscher Ärzte-Verlag, 2000 (ISBN 3-7691-1137-0)

STICHWORT-VERZEICHNIS

PERSÖNLICHE BEMERKUNGEN

Die richtigen Eltern-Ratgeber für die wichtigen Jahre

Entwicklung und Erziehung

978-3-934333-33-8

978-3-934333-34-5

978-3-934333-35-2

978-3-934333-22-2

Gesundheit

978-3-934333-11-6

978-3-934333-07-9

978-3-934333-28-4

978-3-934333-29-1

978-3-934333-13-0

978-3-934333-14-7

978-3-934333-08-6

978-3-934333-05-5

OBERSTEBRINK
ELTERN-BIBLIOTHEK

KINDERGARTEN UND SCHULE

978-3-934333-36-9

978-3-934333-19-2

978-3-934333-12-3

978-3-9804493-2-8

FAMILIE

978-3-934333-16-1

978-3-9804493-6-6

978-3-934333-32-1

978-3-934333-26-0

978-3-934333-27-7

978-3-934333-01-7

978-3-934333-38-3

978-3-934333-06-2

UNSER HAUSARZT
ist der
Kinder- und Jugendarzt

bvkj.

Berufsverband der
Kinder- und Jugendärzte e.V.